期货投资者教育系列丛书

天然橡胶期货

中国期货业协会　编

中国财经出版传媒集团
中国财政经济出版社

图书在版编目（CIP）数据

天然橡胶期货／中国期货业协会编. --北京：中国财政经济出版社，2022.4（2023.5重印）
（期货投资者教育系列丛书）
ISBN 978-7-5223-1184-5

Ⅰ.①天… Ⅱ.①中… Ⅲ.①天然橡胶-期货交易-基本知识 Ⅳ.①F830.9

中国版本图书馆 CIP 数据核字（2022）第 023296 号

责任编辑：翁晓红　　　　责任校对：胡永立
封面设计：王　颖　　　　责任印制：刘春年

天然橡胶期货
TIANRANXIANGJIAOQIHUO
中国财政经济出版社 出版

URL：http：//www. cfeph. cn
E-mail：cfeph@ cfeph. cn

社址：北京市海淀区阜成路甲 28 号　邮政编码：100142
营销中心电话：010-88191522
天猫网店：中国财政经济出版社旗舰店
网址：https：//zgczjjcbs. tmall. com
北京时捷印刷有限公司印刷　各地新华书店经销
成品尺寸：170mm×230mm　16 开　14.5 印张　220 000 字
2022 年 4 月第 1 版　2023 年 5 月北京第 2 次印刷
定价：40.00 元
ISBN 978-7-5223-1184-5
（图书出现印装问题，本社负责调换，电话：010-88190548）
本社质量投诉电话：010-88190744
打击盗版举报热线：010-88191661　QQ：2242791300

前　言

我国期货市场经过30多年发展，经历了从无到有、从小到大、从乱到治，走出了一条独具特色的道路，取得了令人瞩目的成就。30多年来，期货市场的规则体系不断完善，品种创新有序推进，风险管理工具进一步丰富，对外开放进程明显加快。期货市场的规模稳步扩大，市场投资者结构逐步优化，资产管理和风险管理等创新业务探索取得初步成效。期货市场整体运行质量和效率不断提高，价格发现和风险管理的基础功能得到发挥，在优化资源配置，促进产业升级，助力脱贫攻坚和维护国家经济金融安全等方面发挥着越来越重要的作用。

随着我国期货市场规模的不断发展壮大，新的市场参与者特别是个人投资者呈持续上升趋势。投资者是期货市场的重要主体，期货市场的发展离不开投资者的积极参与。中小投资者是我国现阶段资本市场的主要参与群体，但处于信息弱势地位，抗风险能力和自我保护能力较弱，合法权益容易受到侵害。维护中小投资者合法权益是证券期货监管工作的重中之重，关系广大人民群众的切身利益，是资本市场持续健康发展的基础。因此，当前我国期货市场正处于快速发展时期，做好投资者教育工作意义深远。

2013年，《国务院办公厅关于进一步加强资本市场中小投资者合法权益保护工作的意见》（以下简称《意见》）发布，指出：要强化中小投资者教育，加大普及证券期货知识力度；将投资者教育逐步纳入国民教育体系，有条件的地区可以先行试点；充分发挥媒体的舆论引导和宣传教育功能；证券期货经营机构应当承担各项产品和服务的投资者教育义务，保障费用支出和人员配备，将投资者教育纳入各业务环节；提高投资者风险防范意识，自律组织应当强化投资者教育功能，健全会员投资者教育服务自律规则；中小投资者应当树立理性投资意识，依法行使权利和履行义务，养成良好投资习惯，不听信传言，不盲目跟风，提高风险防范意识和自我保护能力。2019年3月，证监会、教育部联合印发了《关于加强证券期货知识普及教育的合作备忘录》（以下简称《合作备忘录》），旨在学校教育中大力普及证券期货知识，推动全社会树立理性投资意识，提升国民投资理财素质，维护社会和谐稳定。

随着《意见》的深入贯彻和落实，我国中小投资者保护工作取得了积极成效，围绕投资者教育工作，期货市场的监管部门、自律组织与中介机构都深入进行了大量形式多样、内容丰富、卓有成效的工作。由中国期货业协会组织编写的本套《期货投资者教育系列丛书》，就是协会按照中国证监会的统一部署，贯彻落实期货投资者教育工作的重要措施之一，也是协会积极响应《合作备忘录》要求，推动期货知识进校园、进课堂、纳入国民教育体系的切入点。本丛书是为期货投资者编写的一套普及性读物，以广大普通投资者为服务对象，兼顾了专业机构的需求，采取简单明了的问答体例，在语言上力争做到深入浅出、通俗易懂、可读性强。衷心地希望本丛书的出版能够为期货投资者了解期货市场、树立风险意识、理性参与期货交易提供有益的帮助。

在此，我们对所有在本丛书编写和出版过程中付出辛勤劳动的朋友表示衷心感谢。由于编写时间紧迫，书中错误和疏漏在所难免，恳请读者批评指正。

中国期货业协会

2022年4月

目　录

第四章　天然橡胶期货的技术分析　/ 82

第五章　企业如何利用天然橡胶期货进行套期保值　/ 120

第一章

了解橡胶

本章要点

本章主要介绍了天然橡胶的历史、不同生产工艺下的各品种以及合成橡胶的种类。

一、天然橡胶是什么?

天然橡胶是从三叶橡胶树树皮上倾斜切口后采集的天然乳胶，经凝固、干燥等加工程序而制成的弹性固状物。天然橡胶的主要来源是巴西橡胶树。巴西橡胶树原产于巴西亚马逊河流域马拉岳西部地区，喜高温、高湿、静风、沃土，现已布及亚洲、非洲、大洋洲、拉丁美洲40多个国家和地区，现主要种植在东南亚。东南亚天然橡胶的产量占天然橡胶总产量的99%。天然橡胶是一种以聚异戊二烯为主要成分的天然高分子化合物，分子式是

$(C_5H_8)_n$，其成分中91%～94%是橡胶烃（聚异戊二烯），此外还含有少量的蛋白质、脂肪酸、糖分及灰分等非橡胶物质。天然橡胶是重要的工业生产原料，被广泛用于轮胎、胶管、输送带、医疗用品及仪器工业等，是重要的工业原料和战略物资。

天然橡胶在常温下具有较高的弹性，稍带塑性，具有非常好的机械强度，滞后损失小，在多次变形时生热低，因此其耐屈挠性也很好，并且因为是非极性橡胶，所以电绝缘性能良好。天然橡胶没有一定熔点，在130℃～140℃时软化，150℃～160℃时显著黏软，到200℃左右开始降解，220℃附近变为熔融状态，达270℃则急剧分解。橡胶在常温下柔软而富有弹力，能减弱震动，牢固度很强，耐摩擦，柔韧性好，经过千百次的弯曲、伸直或捻扭都不易毁坏，在一定限度内拉长后又能缩回。橡胶虽然具有一定的弹性、强韧力等宝贵性能，但并不能直接满足许多实用上的要求，一定要再加入其他配合剂并经硫化作用改进其物理机械性能后才能加以利用。天然橡胶加工后的综合性能优异，目前还没有一种合成橡胶各项指标能超过天然橡胶，所以天然橡胶在橡胶贸易中仍会占有很大比重。

天然橡胶是一种化学反应能力较强的物质，光、热、臭氧、辐射、屈挠变形和铜、锰等金属都能促进橡胶老化，不耐老化是天然橡胶的致命弱点，但是添加了防老剂的天然橡胶，有时在阳光下曝晒两个月依然看不出多大变化，在仓库储存三年后仍可以照常使用。

天然橡胶对于一般化学药品具有一定的抵抗力，但不耐强酸、油类和某些溶剂侵蚀。橡胶与硫黄在一定条件下相互作用进行硫化。硫化是将含游离元素硫的混炼胶或含有在高温下能分解出硫的化学物质的混炼胶在130℃～140℃的温度下加热，使橡胶分子与硫发生作用。当橡胶暴露在空气中，特别是在日光、高温、潮湿等条件的影响下，其会发生表面龟裂、弹性消失、物理机械性能降低的变质现象，这种变质现象即称为老化。橡胶在保管过程中，由于微生物的繁殖能引起腐败现象，最后会发霉，腐败过程也会引起橡胶分子的分解而老化。

天然橡胶有较好的耐碱性能，但不耐浓强酸。天然橡胶的耐油性和耐溶剂性很差，一般说来，烃、卤带烃、二硫化碳、醚、高级酮和高级脂肪酸对天然橡胶均有溶解作用，但其溶解度受塑炼程度的影响，而低级酮、低级酯及醇类对天然橡胶则是非溶剂。

二、天然橡胶作为商品期货交易品种有哪些特点？

天然橡胶是很好的期货品种，原因主要有以下几方面：

（一）供求量大

天然橡胶是一种世界性大宗商品，用途非常广泛，其生产量大，拥有大量的买者和卖者。

（二）易标准化

天然橡胶作为一种天然高分子化合物，品质较稳定，规格等级划分明确，容易标准化。

（三）易储运

天然橡胶多为固体颗粒或片状，易于储藏和运输，能够满足期货实物交割的基本要求。

（四）价格波动频繁

天然橡胶价格影响因素多，波动频繁，特别是我国近年来由于天然橡胶消费量逐年增长，产量及进口量受到各种客观条件的制约，市场供求矛盾极为突出，价格波动频繁而且剧烈。所以，天然橡胶生产商、流通商和消费商都迫切需要通过期货市场进行套期保值，以达到转移风险的目的；与此同时，许多投资者也希望在频繁的价格波动中获取投机收益。在此过程中，期货市场不同投资者的交易行为，也使天然橡胶价格发现的功能得到了发挥。

延伸阅读

天然橡胶的历史

1492年，远在哥伦布发现美洲大陆以前，中美洲和南美洲的当地居民已开始使用天然橡胶。古代的天然橡胶有中美洲的橡胶球、巴西土著的防水布料和橡胶靴。

1736年，法国在世界上首次报道有关天然橡胶的产地、采集胶乳的方法和天然橡胶在南美洲当地的利用情况，使欧洲人开始认识天然橡胶，并进一步研究其利用价值。早期的天然橡胶用于制造各种各样的雨衣、雨靴和雨布。

1839年，美国人固特异（C. Goodyear）发现了在天然橡胶中加入硫黄和碱式碳酸铅，经加热后制出的橡胶制品遇热或在阳光下曝晒时，不再像以往那样易于变软和发黏，而且能保持良好的弹性，从而发明了橡胶硫化。至此，天然橡胶才真正被确认其特殊的使用价值，成为一种极其重要的工业原料。

1876年，英国人威克姆（H. Wickham）从巴西亚马逊河口采集天然橡胶种子，运回英国皇家植物园播种，并在锡兰（现在的斯里兰卡）、印度尼西亚、新加坡试种，均取得成功。此即为巴西橡胶树在远东落户的开端。从此，栽培橡胶业发展非常迅速。

1888年，英国人邓录普（J. B. Dunlop）发明了充气轮胎，促使汽车轮胎工业飞跃发展，因而导致耗胶量急剧上升。

20世纪30年代时，南美黄叶病大暴发，南美洲失去生产天然橡胶的主导地位，天然橡胶生产重心向东南亚转移。

1997年全球天然橡胶产量624.7万吨，2010年全球天然橡胶产量1027万吨，2019年全球天然橡胶产量达1376万吨。

我国最早的三叶橡胶树是在1904年从新加坡引进的。中华人民共和国成立后中国农垦科技工作者通过科学实践，打破了国外近百年来所谓北纬 15°以北是巴西橡胶树种植“禁区”的定论，成功地在北纬 18°以北至北纬 24°的广大地区种植巴西橡胶树，并获得较高的产量。1996 年我国天然橡胶产量已达到 42 万吨，成为世界第五大天然橡胶生产国。近十年全国天然橡胶产量趋于平稳，保持在 80 万吨左右。

三、天然橡胶的种类有哪些?

天然橡胶按形态可以分为两大类：

固体天然橡胶（胶片与标准胶）和浓缩胶乳。在日常使用中，固体天然橡胶占了绝大部分的比例。

天然橡胶按照来源分为野生橡胶、栽培橡胶、橡胶草橡胶、杜仲胶。

天然橡胶按照工艺可以分为烟胶片、标准胶、绉片胶和乳胶。

四、什么是烟胶片（RSS）?

烟胶片是天然橡胶中最具代表性的品种，有 90 余年的生产历史，一直是用量大、应用广的一个胶种，近年来随着标准胶应用的逐年替代，烟胶片的产量和消费量逐步退居次要位置。烟胶片一般按外观质量来分级，分为特级、一级、二级、三级、四级、五级，共六级，达不到五级的则列为等外级烟胶片。各级烟胶片均有标准胶样，以便参照。烟胶片是成片包装的，颜色为黄色，最好的是金黄色，可以通过目测色泽指数来判断级别。烟胶片包装比较大，使用不方便，国际上规定包重 102 ~ 114 千克，体积为 0. 14 立方米，胶包上要注明烟胶片级别、厂名、生产日期等标志。

根据国家 GB8089 - 2007 标准，烟胶片分为六级，代号及用途如下：

RSS1（1 号烟胶片）：橡胶溶液、医疗用品、食品工业、内胎、胎体等；RSS2（2 号烟胶片）：胎体、内胎、缓冲层、工业制品等；RSS3（3 号烟胶片）：胎面、胶管、输送带、轮胎翻新、胶料；RSS4（4 号烟胶片）：各种橡胶杂品；RSS5（5 号烟胶片）：各种低级橡胶制品。国产 SCR WF 的质量和性能与国外 RSS3 基本相同，具有可替代性。RSS3 为上海期货交易所天然橡胶期货（RU）交割品种之一。

工艺：35%的胶乳过滤除杂——加水稀释——消泡——加酸凝固——除水——压片——烟熏干燥。因为胶乳的凝固时间是 3 个小时左右，所以生产烟胶片要在胶乳凝固之前进行加工。

3 号烟胶片为胶包原包装，件重为 111.11 千克，每吨 9 包。

主要生产国：泰国、印度、越南、印度尼西亚、斯里兰卡等。

主要用途：轮胎、输送带、气密件等。

五、什么是标准胶？

标准胶即标准橡胶，也称颗粒胶，是 20 世纪 60 年代发展起来的天然橡胶新品种。以前，通用的烟胶片、绉片、风干片这几种传统产品不论在分级方法、制造方法上都束缚着天然橡胶的发展。因此，马来西亚于 1965 年开始实行标准橡胶计划，在使用生胶理化性能分级的基础上发展了颗粒橡胶的生产。标准橡胶是指按机械杂质、塑性保持率、塑性初值、氮含量、挥发分含量、灰分含量、颜色指数等理化性能指标进行分级的橡胶。标准橡胶包装也比较先进，一般用聚乙烯薄膜包装，并有显著的标示，包的重量较小，易于搬动，通常为 35 千克或 33.3 千克。

标准胶即技术分级橡胶（TSR，Technically Specified Rubber），按照杂质含量、塑性初值、塑性保持率、含氮量、挥发物含量、灰分、色泽指标、拉维邦颜色指数、门尼黏度、凝胶含量这十项国际上统一的理化效能、指标来分级。根据国家标准 GB8081－2018，标准胶一般按照原料和性能的不同主要分为以下几类：LoV（低黏恒黏胶，Low Viscosity Constant Viscose）、CV（恒黏胶，Constant Viscose）、L（浅色胶，Light－coloured Rubber）、WF（全乳胶，Whole Field Latex Rubber）、5 号胶、10 号胶、20 号胶、10 号恒黏胶（10CV）和 20 号恒黏胶（20CV）。低黏恒黏胶、恒黏胶、浅色胶、全乳胶和 5 号胶的杂质含量均不超过 0.05%，10 号胶和 10 号恒黏胶的杂质含量不超过 0.10%，20 号胶、20 号恒黏胶的杂质含量不超过 0.20%。目前，国际市场、产胶国主要的标准胶是 20 号，另外越南生产的 3L 也是标准胶的一种。

（一）标识

具体到各国生产的天然橡胶使用“S*R”代号，如“S*R20”中“S”代表“标准”，“*”代表生产国（泰国“T”、印度尼西亚“I”、马来西亚“M”、中国“C”等），“R”代表“橡胶”，“20”代表 20 号级别。在每个胶包外袋正面有标准胶级别代号。目前，上海期货交易所下属上海国际能源交易中心已上市 20 号胶期货（NR），其中，STR20、SMR20、SIR20、SCR20 是上海国际能源交易中心 20 号胶期货（NR）的可交割商品。

（二）目前国内主要标准胶代号及用途

SCRWF（即 SCR5，一级标准胶）：轮胎内胎、高质量的工业制品，如发动机机座、管道密封环、工业用辊筒、桥梁支座、橡胶丝等；SCR10（二级标准胶）和 SCR20（三级标准胶）：轮胎外胎、输送带、汽车用模制品和海绵制品；SCR50（四级标准胶）：各种廉价低级制品。其中 SCRWF 为上海期货交易所天然橡胶期货（RU）交割品种之一。

主要生产国：泰国、印度尼西亚、马来西亚、越南、科特迪瓦、中国、印度等。

主要用途：轮胎、输送带等。

六、什么是乳胶？

乳胶是胶乳加氨离心而成，分为高氨乳胶和低氨乳胶两种。乳胶是液体，容易挥发，包装上通常采用桶装和太空装。桶装的价格略高于太空装的价格。

乳胶在生产过程中会产生胶清胶。胶清胶的价格一般是乳胶价格的50%~60%，在鞋厂中使用较多。

主要生产国家：泰国、越南、中国。

主要用途：手套厂、计生用品、鞋厂。

以上所述的是通用品种的天然橡胶，它们用量大、应用面广。在标准胶未出现之前，烟胶片用量最大，目前则是标准胶用量最大。其他的特种橡胶及改性天然橡胶，如恒黏胶、低黏橡胶、易操作橡胶、纯化橡胶、胶清橡胶、难结晶橡胶、炭黑共沉橡胶、黏土共沉橡胶、接枝天然橡胶、环氧化天然橡胶、环化天然橡胶等，它们各有特殊的性能及用途，但用量少。

七、合成橡胶的种类有哪些？

橡胶主要可分为天然橡胶和合成橡胶。天然橡胶主要由来自三叶橡胶树的胶乳经凝聚、洗涤、成型、干燥而成。合成橡胶是由人工合成方法而制得的，采用不同的原料（单体）可以合成出不同种类的橡胶。合成橡胶中有少数品种的性能与天然橡胶相似，但大多数与天然橡胶不同。两者共同的最显著的特点是具有高弹性，一般均需经过硫化和加工后，才具有实用性和使用价值。目前世界上已有200多种合成橡胶，每一种都有自己的成分和品质。

合成橡胶的分类方法很多。按成品状态可分为液体橡胶（如端羟基聚丁二烯）、固体橡胶、乳胶和粉末橡胶等。按橡胶制品形成过程可分为热塑性橡胶（如可反复加工成型的三嵌段热塑性丁苯橡胶）、硫化型橡胶（需经硫化才能制得成品，大多数合成橡胶属此类）。按生胶充填的其他非橡胶成分可分为充油母胶、充炭黑母胶和充木质素母胶。

实际应用中一般按使用特性分为通用型合成橡胶和特种合成橡胶两大类。通用型合成橡胶最常见的如丁苯橡胶、顺丁橡胶、异戊橡胶等，主要用于制造各种轮胎及一般工业橡胶制品。通用型合成橡胶的需求量大，是合成橡胶的主要品种。特种合成橡胶是指具有耐高温、耐油、耐臭氧、耐老化和高气密性等特点的橡胶，常用的有硅橡胶、各种氟橡胶、聚硫橡胶、氯醇橡胶、丁腈橡胶、聚丙烯酸酯橡胶、聚氨酯橡胶和丁基橡胶等，主要用于要求某种特性的特殊场合。

八、主要通用型合成橡胶的性能有哪些?

（一）丁苯橡胶的性能

丁苯橡胶是丁二烯和苯乙烯经共聚合制得的橡胶，英文名为“Styrene Butadiene Rubber（SBR）”。丁苯橡胶约占世界合成橡胶产能的37%，是产量最大的通用合成橡胶，可分为乳聚丁苯橡胶（ESBR）、溶聚丁苯橡胶（SSBR）。

世界上丁苯橡胶生产能力中约87%使用乳液聚合法，通常所说的丁苯橡胶主要是指乳聚丁苯橡胶。乳聚丁苯橡胶又包括高温乳液聚合的热丁苯与低温乳液聚合的冷丁苯。前者于1942年工业化，目前仍有少量生产，主要用于水泥、黏合剂、口香糖以及某些织物包覆与模塑制品及机械制品。通常所说的丁苯橡胶主要是指低温乳液聚合法生产的丁苯橡胶，1947年工业化，具有较高的耐磨性和很高的抗张强度、良好的加工性能以及其他综合性能，是目前产量最大、用途最广的合成橡胶品种。

溶聚丁苯橡胶是丁二烯与苯乙烯在烃类溶剂中，在丁基锂催化剂存在下聚合制得。20 世纪 80 年代后期生产的第二代溶聚丁苯橡胶滚动阻力优于乳聚丁苯橡胶和天然橡胶，抗湿滑性优于顺丁橡胶，耐磨性也好，可以满足轮胎高速、安全、节能、舒适的要求，用其制造轮胎比乳聚丁苯橡胶节油 3%~5%。

丁苯生胶是浅黄褐色弹性固体，密度随苯乙烯含量的增加而变大，耐油性差，但介电性能较好；生胶抗拉强度较低，加入炭黑补强后，抗拉强度可大幅提升；其黏合性、弹性和形变发热量均不如天然橡胶，但耐磨性、耐自然老化性、耐水性、气密性等却优于天然橡胶，因此是一种综合性能较好的橡胶。

丁苯橡胶是橡胶工业的骨干产品，它是合成橡胶的第一大品种，综合性能良好，价格低，主要用于轮胎工业，汽车部件、胶管、胶带、胶鞋、电线电缆以及其他橡胶制品。

（二）顺丁橡胶的性能

顺丁橡胶（Cis-polybutadiene，简称 BR）是由丁二烯经溶液聚合制得的。顺丁橡胶具有特别优异的耐寒性、耐磨性和弹性，还具有较好的耐老化性能，在橡胶生产中一直占有重要地位。顺丁橡胶绝大部分用于生产轮胎，少部分用于制造耐寒制品、缓冲材料以及胶带、胶鞋等。顺丁橡胶的缺点是抗撕裂性能较差，抗湿滑性能不好。

顺丁橡胶是结晶性橡胶，但结晶能力不强，所以自补强能力也不强。另外，顺丁橡胶的结晶对应变的敏感性低，这也是顺丁橡胶自补强性比天然橡胶低得多的原因之一。顺丁橡胶的分子排列规整，其弹性是通用型橡胶中最好的一种，甚至好于天然橡胶。耐热性与天然橡胶相同，都为 120℃，但耐热老化性能却优于天然橡胶。拉伸强度比天然橡胶、丁苯橡胶都低，因此必须加入炭黑等补强剂。撕裂强度也比天然橡胶低，抗湿滑性能较差。顺丁橡胶的耐磨性优异，滞后损失小，生热低，这对制品在多次变形下的生热和永久变形的降低都十分有利。

顺丁橡胶在混炼前不需要塑炼。混炼胶的压出性能良好，适合于注压成型，但黏着性差，一般需要与天然橡胶或丁苯橡胶并用，以改善工艺加工性能。

顺丁橡胶的冷流性较大，这对生胶的包装、贮存和半成品的存放都提出了较高的要求。顺丁橡胶的用途主要用于制造轮胎，还可用于制造耐磨制品（如胶鞋、胶辊）、耐寒制品和防震制品，可作为塑料的改性剂。顺丁橡胶可与多种橡胶并用。制造乘用汽车轮胎胎面时，可与丁苯橡胶并用，并用量为35%~50%。制造载重汽车轮胎胎面时，常与天然橡胶并用，并用量为25%~50%。用于重型越野汽车轮胎胎面时，并用量为25%左右。用于胶布时，一般与丁苯橡胶并用，并用量为15%~30%。用于制造轮胎胎侧时可与氯丁橡胶并用，以提高耐低温性能。顺丁橡胶也可与氯磺化聚乙烯并用。

（三）异戊橡胶的性能

异戊橡胶（Polyisoprene Rubber）是聚异戊二烯橡胶的简称，其结构单元为异戊二烯，于1954年开始工业化生产，采用溶液聚合法生产。从整体上看，异戊橡胶的加工配合、性能及应用与天然橡胶相当，适于做浅色制品。异戊橡胶与天然橡胶一样，具有良好的弹性、耐磨性以及优良的耐热性、较好的化学稳定性。但由于与天然橡胶存在结构及成分上的差别，性能上还存在一定的差异。异戊橡胶生胶（未加工前）强度显著低于天然橡胶，但质量均一性、加工性能等优于天然橡胶。异戊橡胶可以代替天然橡胶制造载重轮胎和越野轮胎，还可以用于生产各种橡胶制品。

聚异戊二烯的微观结构中顺式含量低于天然橡胶，即分子规整性弱于天然橡胶，所以异戊橡胶的结晶能力比天然橡胶差，分子量分布较窄，分布曲线为单峰，不含有天然橡胶中那么多的蛋白质和丙酮抽出物等非橡胶烃成分。

与天然橡胶相比，异戊橡胶外观较均匀，颜色较浅，塑炼快。未硫化时，异戊橡胶的流动性好于天然橡胶，作为生胶时有冷流倾向，格林强度较低，硫化速度较慢，所以在配合时其硫黄用量应比天然橡胶少10%~15%，促进剂用量比天然橡胶多10%~20%。异戊橡胶压延、压出时的收缩率较低，黏合性不亚于天然橡胶。与硫化的天然橡胶比，异戊橡胶硫化胶的硬度、定伸应力比较小，拉伸强度比较低，扯断伸长率稍高；与天然橡胶相比，异戊橡胶在高温下的回弹性比天然橡胶稍高，生热性及压缩永久变形、拉伸永久变形都较天然橡胶低。异戊橡胶耐老化性能稍逊于天然橡胶。

（四）乙丙橡胶的性能

乙丙橡胶（Ethylene Propylene Rubber，简称EPR）以乙烯和丙烯为主要原料合成，耐老化、电绝缘性能和耐臭氧性能突出。乙丙橡胶可大量充油和填充炭黑，制品价格较低。乙丙橡胶化学稳定性好，耐磨性、弹性、耐油性和丁苯橡胶接近。乙丙橡胶的用途十分广泛，可以作为轮胎胎侧、胶条和内胎以及汽车的零部件，还可以作电线、电缆包皮及高压、超高压绝缘材料，制造胶鞋、卫生用品等浅色制品。近几年，乙丙橡胶中的三元乙丙橡胶（EPDM）进口量增多，因其主链是由化学稳定的饱和烃组成，只在侧链中含有不饱和双键，故其耐臭氧、耐热、耐候等耐老化性能优异，可广泛用于汽车部件、建筑用防水材料、电线电缆护套、耐热胶管、胶带、汽车密封件等领域。

（五）氯丁橡胶的性能

氯丁橡胶（Chloroprene Rubber）是以氯丁二烯为主要原料，通过均聚或少量其他单体共聚而成。氯丁橡胶抗张强度高，耐热、耐光、耐老化性能优良，耐油性能均优于天然橡胶、丁苯橡胶、顺丁橡胶，具有较强的耐燃性和优异的抗延燃性，其化学稳定性较高，耐水性良好。氯丁橡胶的缺点是电绝缘性能、耐寒性能较差，生胶在贮存时不稳定。氯丁橡胶用途广泛，如用来制作运输皮带和传动带，电线、电缆的包皮材料，制造耐油胶管、垫圈以及耐化学腐蚀的设备衬里。

九、主要特种合成橡胶性能如何？

（一）丁腈橡胶的性能

丁腈橡胶（Nitrile Butadiene Rubber，简称NBR）是由丁二烯和丙烯腈经乳液聚合法制得的。丁腈橡胶主要采用低温乳液聚合法生产，耐油性极好，耐磨性较高，耐热性较好，黏结力强。其缺点是耐低温性差、耐臭氧性差，电性能低劣，弹性稍小。丁腈橡胶主要用于制造耐油橡胶制品。丁腈橡胶中的氢化丁腈橡胶（简写为 HNBR 或 HSN）性能最为优异，可广泛用于油田、汽车工业等方面，其良好的耐热、耐高温、高压、耐氧等特性比普通丁腈橡胶适用于更多不同的应用领域。

（二）丁基橡胶的性能

丁基橡胶（Isobutylene Isoprene Rubber，简称 IIR）是由异丁烯和少量异戊二烯共聚而成的，主要采用淤浆法生产。透气率低，气密性优异，耐热、耐臭氧、耐老化性能良好，其化学稳定性、电绝缘性也很好。丁基橡胶的缺点是硫化速度慢，弹性、强度较小，黏着性较差。丁基橡胶的主要用途是制造各种车辆内胎，用于制造电线和电缆包皮、耐热传送带、蒸汽胶管等。

（三）氟橡胶的性能

氟橡胶（Fluoro Rubber）是含有氟原子的合成橡胶，具有优异的耐热性、耐氧化性、耐油性和耐药品性，主要用于航空、化工、石油、汽车等工业部门，作为密封材料、耐介质材料以及绝缘材料。

（四）硅橡胶的性能

硅橡胶（Silicone Rubber）由硅、氧原子形成主链，侧链为含碳基团，用量最大的是侧链为乙烯基的硅橡胶。硅橡胶既耐热，又耐寒，使用温度在 -100℃ ~300℃，具有优异的耐气候性和耐臭氧性以及良好的绝缘性。缺点是强度低，抗撕裂性能差，耐磨性能也差。硅橡胶主要用于航空工业、电气工业、食品工业及医疗工业等方面。

（五）聚氨酯橡胶的性能

聚氨酯橡胶（Polyurethane Rubber）是由聚酯（或聚醚）与二异腈酸酯类化合物聚合而成的。聚氨酯橡胶耐磨性能好，其次是弹性好，硬度高，耐油，耐溶；缺点是耐热老化性能差。聚氨酯橡胶在汽车、制鞋、机械工业中的应用最多。

（六）丙烯酸酯橡胶的性能

丙烯酸酯橡胶（简称 ACM）是以丙烯酸酯为主单体经共聚而得的弹性体，其主链为饱和碳链，侧基为极性酯基。丙烯酸酯橡胶的特点是耐热、耐老化、耐油、耐臭氧、抗紫外线等，其力学性能和加工性能优于氟橡胶和硅橡胶，耐热、耐老化性和耐油性优于丁腈橡胶，是近年来汽车工业着重开发推广的一种密封材料，尤其运用于汽车的耐高温油封、曲轴、阀杆、汽缸垫、液压输油管等。

十、什么是再生橡胶？

再生橡胶是指在橡胶制品生产中的废料和废旧橡胶制品经过粉碎后，通过化学和物理加工，去掉硫化橡胶的弹性而使其恢复塑性和黏性，从而重新获得与生胶混合和硫化的能力，以便重新应用到橡胶工业中的一种橡胶原材料。再生橡胶是随着橡胶工业生产技术的提高而发展出来的一种人工制成的橡胶，与天然橡胶在来源、结构、成分和颜色等方面有着明显的区别。

再生橡胶不仅具有良好的工艺性能，还有较好的物理机械性能，因而可以根据其橡胶烃和特有的合成橡胶成分的还原性，在一些橡胶产品中或与天然橡胶和合成橡胶一起按比例掺用，或用于深加工，直接用于生产部分橡胶制品。

再生橡胶依据其所使用的原材料和质量可分为轮胎再生橡胶、胶鞋再生橡胶、丁基再生橡胶、丁腈再生橡胶、杂胶再生橡胶和低污染再生橡胶等类型。

再生橡胶生产方法种类繁多，包括蒸汽法、机械法、蒸煮法、化学法和物理法等。工业化生产中主要运用的是蒸汽法，其生产工艺流程主要包括磨粉、脱硫和精炼这三个步骤。其中，磨粉是指将废旧橡胶原材料（如废旧轮胎、胶鞋、胶管、胶带等）除去杂质后将其切割并粉碎成胶粉的过程，是生产再生橡胶的第一道步骤，主要工序包括分类、切胶、水洗、粗碎、细碎、风选和过筛等。脱硫是指胶粉在再生剂、氧和热的综合作用下，其部分分子链和交联点断裂，重新恢复塑性和黏性的过程。脱硫是再生橡胶生产过程中最重要的一个环节，直接决定再生橡胶的质量，主要工序包括脱硫、清洗、挤水、干燥等。精炼是指经过脱硫后的胶料可塑性还较低，需反复进行捏炼、回炼等步骤以提高其塑性及均匀度，这一过程就被称为精炼，其主要工序包括捏炼、滤胶、回炼、精炼和出片等。精炼后的薄胶片即为再生橡胶成品，其表面光洁、颜色质地均匀，可重新投入生产中。

延伸阅读

中国橡胶产业发展历史

19 世纪中叶，随着鸦片战争的硝烟，“洋货”接踵而至，其中雨衣布、热水袋、皮球、胶鞋等橡胶制品逐年递增，到 1914 年，全国橡胶制品及橡胶输入量达 31.5 吨，折合白银 32.7 万两。市场需求激发了国内有识之士的建厂热忱，从广州开始，很快扩展到上海、青岛、天津、沈阳等地。从 1928 年起，短短几年，在上海十里洋场就陆续出现 48 家大大小小的橡胶厂，到 1937 年则达到 100 家，从而使上海成为中国的橡胶工业基地。

不断发展的国内橡胶产业在抗日战争和国民党发动的三年内战中几乎破坏殆尽。国民政府的橡胶厂有厂无产，民族资本橡胶厂开开停停，大多是半饥半饱歇工状态。1949 年，全国轮胎产量只有 3.0 万条（有资料显示为 2.6 万条），输送带 44.7 万平方米，胶鞋 4467.4 万双，炭黑 252 吨，橡胶总消费量仅 1.3 万吨。此时，回到人民手里的橡胶工业，已是千疮百孔、奄奄一息。

新中国成立后，人民得到解放，生产建设热情高涨。工人阶级响应党和国家的号召，千方百计恢复生产。

东北人民政府最早没收国民政府的官僚资本橡胶厂，在沈阳、丹东、辽阳等地成立国营沈阳橡胶一厂（轮胎）、沈阳橡胶二厂（胶带）等共 9 个橡胶厂、1 个机修厂、1 个研究室，率先恢复生产，主导产品为轮胎、胶鞋、胶带、自行车胎及制品等国计民生急需的物资。青岛、胶东、天津也相继没收国民党的工厂变为国有，并且以力所能及的资金等各种形式扶持民族资本企业，使之能尽快恢复生产。

图 1－1 为朝阳浪马轮胎有限责任公司的前身，最早为 1932 年 8 月成立的沈阳大利胶皮工厂（日资企业），1949 年 10 月更名为东北工业部企业管理局橡胶公司沈阳第七厂。

沈阳时期工厂正门　　沈阳时期厂部办公楼

图 1－1　朝阳浪马轮胎有限责任公司前身

注：图片由朝阳浪马轮胎有限责任公司提供。

在毛泽东主席、周恩来总理亲自关怀下，1950 年在北京召开了第一届橡胶工业会议，制定出“一般维持，重点恢复，避免盲目扩充，逐步走向计划生产，配合国家经济恢复建设，稳步将来发展”的工作方针，使生产恢复工作有序展开。

朝鲜战争爆发后，抗美援朝调动起广大职工的爱国精神和工作热情。东北橡胶工业生产随即转入战时状态，沈阳橡胶一厂、二厂、九厂的 3000 多名职工及家属，冒着零下 30 多度的严寒，自己动手，风雪无阻，仅用 98 天时间，把工厂迁到牡丹江桦林一个废弃的造纸厂并建成投产，工厂被命名为东北第一橡胶厂，迅速生产出前线急需的汽车轮胎。此时，青岛橡胶厂扩大为山东橡胶总厂，轮胎年生产能力达到7万条；1952年遵照军委命令，又自力更生建成年产2万条航空轮胎车间，生产出第一条歼击机轮胎。同时，上海、天津等地民资企业承接军品加工订货，迅速扩大了轮胎、胶鞋等生产（见图1－2）。

图1－2　国营第一橡胶厂“红旗牌”轮胎的产品介绍

注：图片由桦林佳通轮胎有限公司提供。

由陈云副总理主持，国家实行以大米换橡胶政策，建设国家橡胶储备库，打破了帝国主义的封锁，确保了原料来源。在此期间，所需炭黑、助剂、骨架材料等，大多在自行研发的基础上建设新厂，保障供应。

1950年全国生产轮胎7万条、胶鞋4674.8万双；1951年生产轮胎23万条、胶鞋6640.5万双；1952年生产轮胎42万条、胶鞋6169.0万双，既保障了战时急需，也支援了国家经济建设。

1951年，海南省建成中国第一个橡胶基地“华南垦殖局”，共建有近40万公顷橡胶园，年产干胶25万多吨。如今海南已建设成为我国最大的天然橡胶生产基地。

1952年，中央发出指示，开辟云南橡胶垦殖区。尽管这一年中国的天然橡胶产量仅有0.04万吨，但仍成为中国天然橡胶生产的元年。

1953年2月建立云南垦殖局，由原西南农业部副部长屈健担任局长。

1953年初，中苏专家联合考察云南橡胶宜林地，在最佳宜林地的论证会上，苏联和中国的大多数专家都认为德宏州是最佳的橡胶种植区，但著名植物学家蔡希陶坚持真理，据理力争，力排众议，认为西双版纳才是最佳的橡胶种植区。多年以后，事实证明蔡希陶的观点是正确的。

1955年4月，中国人民解放军13军37师、39师和军直单位的1697名官兵转业，并携带部分轻武器，在勐海县建立了西双版纳最早的国营橡胶农场——黎明农场。

1956年3月、12月和1957年1月，在叶剑英元帅的部署下，华南垦殖区的大批干部和技术工人抽调到云南边疆，随后开展了热火朝天的国营橡胶农场建设工作，先后共建立了10个县级国营橡胶农场（见图1－3、图1－4）。

图1－3　1956年春天，云南国营橡胶农场开荒建设

注：图片由湖南日报提供。

1958年4月，何康率领亚热带作物研究所的专家及其家属，从广州迁至海南儋县宝岛新村，建立华南热带作物科学院和华南热带作物学院（简称热作两院），揭开了新中国橡胶研究的新篇章。

图 1－4　1957 年春天，华南垦殖局在广东种下的第一批橡胶树进入割胶期

注：图片由中国天然橡胶协会提供。

1981 年 2 月 8 日至 4 月 16 日，包括我国专家郑学勤在内的世界上 11 个国家的橡胶专家组成探险队，考察巴西亚马逊河腹地，采集高产橡胶芽条和种子，这是人类为发展橡胶事业，在 100 年后重返亚马逊原始森林的一次壮举。

1982 年，我国北纬 8°～24°地区大面积植胶成功，获国家创造发明一等奖。

1986 年，中国科学院西双版纳热带植物园研制成功的胶茶人工群落混农林模式在我国热带地区大面积推广，并获得中国科学院科技进步一等奖。此混农林模式是科研人员在对热带雨林植物群落深入研究的基础上提出的，采用乔木橡胶和灌木大叶茶这两种习性有较大差异的经济植物组成较协调的人工群落，提高了土地利用率及群落生产力，降低了橡胶寒害、风害，减少了茶叶的主要害虫（小绿叶蝉）的危害，降低了水土流失，提高了土壤肥力，改善了群落小气候，增强了群落稳定性。

1987 年，西双版纳州的民营橡胶有了较大的发展，总面积达 40.4 万亩。

1994 年，西双版纳州垦区橡胶单产达到国际领先水平，当年共 76 万亩橡胶林开割，总产干胶 76624.5 吨，平均亩产突破 110 公斤大关，达到 113.16 公斤，与世界干胶亩产量最高国——非洲的科特迪瓦并驾齐驱。

2004 年，我国取消了天然橡胶配额许可证管理，采取天然橡胶进口等级制度，天然橡胶进口从此进入了更加市场化的运作模式。这一年，也是中国引入橡胶种植 100 周年，干胶年产量达到 57.33 万吨。

2006 年，为推进我国天然橡胶种植业良种化，促进产业升级，中央财政安排专项资金，在广东、海南、云南三植胶区实施天然橡胶良种补贴项目。

2018 年我国全年天然橡胶产量 83.7 万吨，主要集中在云南和海南。云南省天然橡胶产量约为 44.75 万吨，居全国第一位；海南省天然橡胶产量为 33.91 万吨，居全国第二位。

2019 年 8 月，20 号胶期货在上海期货交易所挂牌上市（见图 1－5），这不仅代表着我国期货市场对外开放，而且对优化橡胶产业资源配置、提升中国橡胶的国际影响力、服务国家“一带一路”倡议具有深远意义。

图 1－5　2019 年 8 月 12 日，20 号胶期货在上海期货交易所子公司上海国际能源交易中心正式挂牌交易

注：图片由上海国际能源交易中心提供。

（资料来源：《中国橡胶杂志》《中国橡胶网》，2019 年 09 月 19 日，作者：鞠洪振）

延伸阅读

我国全乳标准胶生产过程

我国全乳标准胶生产工艺全过程：从割胶到橡胶成品（见图1－6）。

图 1－6　我国全乳标准胶生产过程

资料来源：www. sto. net. cn。

自测题

一、判断题

1. 天然橡胶具有耐老化的化学特性。（　）

2. 天然橡胶按形态可以分为固体天然橡胶（胶片与标准胶）和浓缩胶乳两大类。日常生活中使用固体天然橡胶占绝大部分。（　）

3. 目前，产量最大、用途最广的合成橡胶品种为顺丁橡胶。（　）

4. 丁苯橡胶在多数场合可代替天然橡胶使用，主要用于轮胎工业、汽车部件、胶管、胶带、胶鞋、电线电缆以及其他橡胶制品。（　）

5. 合成橡胶在实际中一般按使用特性分为通用型橡胶和特种橡胶两大类。（　）

6. 天然橡胶有较好的耐浓强酸性能，但不耐碱。（　）

7. 天然橡胶价格波动比较平稳，所以是较好的期货品种。（　）

8. 异戊橡胶生胶（未加工前）强度、质量均一性、加工性能等优于天然橡胶。（　）

9. 国内已经开始筹建丁基橡胶装置并已付诸行动的只有国有企业。（　）

10. 目前，世界橡胶工业已达到相当规模，年消耗橡胶接近 1700 万吨，其中合成橡胶约占 63%，天然橡胶约占 37%。（　）

二、选择题（不定项）

1. 下列符合目前世界合成橡胶发展情况的有（　）。

A. 2001 年后，世界橡胶工业进入了美、日、欧、中竞争的时代

B. 近几年，全球合成橡胶产量趋于平稳

C. 中国是合成橡胶最大的生产国和消费国

D. 2017 ~2019 年世界主要合成胶产量排在前三位的是亚洲、欧洲、北美洲

2. 天然橡胶作为商品期货交易品种有（　　）特点。

A. 供求量大　　B. 易标准化

C. 易储运　　D. 价格波动频繁

3. 天然橡胶按工艺可以分为（　　）。

A. 烟胶片　　B. 标准胶

C. 绉片胶　　D. 乳胶

4. 标准胶的生产工艺有（　　）。

A. 机械法　　B. 化学法

C. 烘烤法　　D. 抽离法

5. 产量最大的通用合成橡胶是（　　）。

A. 丁苯橡胶　　B. 异戊橡胶

C. 顺丁橡胶　　D. 乙丙橡胶

参考答案

一、判断题

1. ×　2. √　3. ×　4. √　5. √　6. ×　7. ×　8. ×　9. ×　10. ×

二、选择题（不定项）

1. ABCD　2. ABCD　3. ABCD　4. AB　5. A

第二章

天然橡胶的生产和消费

本章要点

本章主要介绍了国内和海外天然橡胶的生产、消费概况。生产方面，按不同主产国，介绍了各国天然橡胶业特点、种植面积、开割面积、割胶情况。消费方面，介绍了天然橡胶在各个国家、不同行业中的消费量。贸易方面，介绍了天然橡胶的定价方式、贸易模式以及国际国内主要橡胶行业组织。

一、全球橡胶生产情况如何？

天然橡胶树属热带雨林乔木，种植地域基本分布于南北纬15℃以内，主要集中在东南亚地区，约占世界天然橡胶种植面积的90%（见表2-1）。

生产国主要有泰国、印度尼西亚、越南、印度、中国、科特迪瓦、马来西亚等，尤以前三国为主，产量占世界产量的60%以上，且所产天然橡胶的绝大部分用于出口，其中，泰国和印度尼西亚的出口占产量比高达90%以上。泰国和越南的割胶期一般在4月到次年2月。

表2-1　　2010~2019年主要天然橡胶生产国种植面积　　单位：万公顷

年份	印度尼西亚	泰国	马来西亚	中国	越南	印度	柬埔寨	菲律宾
2010	345	244	102	102	75	71	18	14
2011	346	321	103	107	80	73	21	16
2012	351	337	104	113	92	76	28	18
2013	356	355	106	114	96	78	33	19
2014	361	366	107	116	98	80	36	22
2015	362	370	107	116	99	81	39	22
2016	364	367	108	118	97	82	43	22
2017	366	363	108	118	97	82	44	23
2018	367	360	108	116	97	82	44	23
2019	368	355	111	116	94	82	41	23

数据来源：中国橡胶信息贸易网。

天然橡胶产业是典型的资源约束型产业，其中涉及自然资源、劳动力资源以及智力资源等。自然资源的好坏、劳动力资源的丰歉等对天然橡胶产业发展具有很大的影响。因此，各天然橡胶生产国在结合自身条件的同时，提出了不同的产业发展战略，具有各自国家的产业发展趋势。归纳起来，主要天然橡胶生产国的产业发展趋势，大体上可以分为转型提升型、支柱产业型和自给自足型三种类型。

（一）转型提升型

马来西亚、斯里兰卡、泰国和印度尼西亚等老牌天然橡胶生产国（简称产胶国）的天然橡胶产业处于“转型期”，属于“转型提升型”。比如20世纪90年代，马来西亚的经济发展比较快，由此吸引了大量的劳动力，并直接导致天然橡胶产业胶工短缺，生产成本上涨，最终引起天然橡胶种植业的不断萎缩。因此，马来西亚近年来进行了产业结构调整，通过减少植胶面积，适当降低天然橡胶总产，采用发展天然橡胶深加工等方式，来实现从“以种植为主”向“以深加工为主”的产业转变。继马来西亚之后，斯里兰卡、泰国、印度尼西亚等国也先后着手进行产业结构调整，提升产业结构层次。

（二）支柱产业型

越南、柬埔寨、菲律宾等国天然橡胶种植业属于“支柱产业型”。它们将天然橡胶产业作为支柱产业来发展。在这些国家，由于其他产业欠发达、自然资源丰富和劳动力低廉，天然橡胶种植业有着良好的发展前景。因此，这些国家扶持天然橡胶产业发展，其天然橡胶种植面积将会进一步扩大，总产量将继续增加。

（三）自给自足型

印度、巴西等国家的天然橡胶产业可归结为“自给自足型”。这些国家有着较为丰富的自然资源和劳动力资源，对天然橡胶的需求也很大。因此，在这些国家，天然橡胶种植业仍会呈现出适度发展的趋势，以保障一定数量及比例的自给量和自给水平。近年来，印度的天然橡胶产量持续小幅度增长，但是其总产量仍然不能满足其自身日益增长的需求。在其他地区，天然橡胶生产的格局变化基本不大。总而言之，全球天然橡胶总产量仍会继续保持增长势头，但增长幅度不会太大。2010～2019 年主要天然橡胶生产国产量见表 2－2。

表 2－2　　2010～2019 年主要天然橡胶生产国产量　　单位：万吨

年份	泰国	印度尼西亚	越南	印度	中国	马来西亚	科特迪瓦	危地马拉	缅甸	柬埔寨
2010	305	273	75	86	69	94	24	32	13	5
2011	335	299	79	80	75	100	24	34	15	6
2012	414	301	88	90	80	92	26	35	16	8
2013	431	311	95	90	86	83	29	36	17	9

续表

年份	泰国	印度尼西亚	越南	印度	中国	马来西亚	科特迪瓦	危地马拉	缅甸	柬埔寨
2014	457	315	96	94	84	67	32	37	19	10
2015	447	315	101	94	82	72	35	36	21	13
2016	452	331	104	97	82	67	45	33	22	15
2017	450	368	109	98	82	74	58	32	24	19
2018	481	363	114	99	82	60	62	35	28	22
2019	484	345	119	100	84	64	66	35	26	17

数据来源：联合国粮农组织。

二、目前国外天然橡胶生产存在哪些问题？

在主要天然橡胶生产国，天然橡胶产业发展比较稳定，但也存在一定问题。

（一）生产技术与生产规模之间存在一定矛盾

除中国的橡胶种植集中在海南农垦和云南农垦（云南农垦将胶园承包给农户），其他主要天然橡胶生产国家，如泰国、印度尼西亚、马来西亚和印度，天然橡胶种植生产 80% ~90% 是以小胶园为主。小胶园生产规模小（一般≤4 公顷）、分散经营，在小胶园推广先进生产技术也比较困难，如“乙烯利刺激割胶技术”在马来西亚小胶园中推广应用比较困难，因此，小胶园的总体生产技术不如大胶园的高，影响了生产效益的进一步提高。可以认为，生产规模大有利于生产技术的推广，生产规模小则不利于生产技术的推广，二者之间存在一定的矛盾。

（二）产业劳动力密集的要求与劳动力资源短缺的现实之间存在一定矛盾

在一些经济发展比较快的天然橡胶生产国家，如马来西亚、斯里兰卡等国，由于其他产业发展对劳动力需求很大，工资收入高，生产生活环境较好，吸引了相当多数量的天然橡胶种植业工人，从而导致从事天然橡胶产业的胶工比较短缺。在这种情况下，不得不以提高工资水平为条件，吸引胶工并使其稳定，从而导致生产费用升高，成本上涨。另外，吸引“新胶工”也导致外来劳动力增多，工作时间不稳定，生产技术不熟练，这些因素均在一定程度上影响了天然橡胶种植业的正常生产。天然橡胶产业发展，客观上需要大量的熟练程度较高的劳动力，而其他行业经济发展造成的劳动力资源短缺，却不利于天然橡胶产业发展。天然橡胶产业存在着一定的对劳动力密集的客观要求与劳动力资源短缺的不利现实之间的矛盾，这种矛盾随着经济的发展会进一步加剧，并在更多发展中国家蔓延。

三、中国天然橡胶生产现状如何？

我国天然橡胶生产基地主要分布在海南、云南、广东三省，广西和福建也有少量分布。我国植胶区地处热带北缘，与传统植胶区的自然环境相比，年平均气温略低，有效积温较低，降雨量偏少，并且存在“风寒害”等自然风险问题。由于我国植胶区是冬冷春暖等不利于天然橡胶树生长和割胶生产的限制性气候，因此，我国一年适宜的割胶生产期为 8 ~ 9 个月，比国外少 3 ~ 4 个月。一般情况下，海南割胶季是每年的 3 月 25 日至 12 月 25 日，云南割胶季是每年的 4 月至 11 月 25 日。

2010 ~ 2019 年我国天然橡胶产量和种植面积见表 2 - 3。

表 2 - 3　　2010 ~ 2019 年我国天然橡胶产量和种植面积基本情况

年份	产量（万吨）	总种植面积（万公顷）	开割面积（万公顷）	新种植面积（万公顷）	重新种植面积（万公顷）
2010	69.1	102.0	58.2	4.9	2.0
2011	75.1	107.0	61.9	5.0	2.2
2012	80.2	113.0	65.1	6.0	2.5

续表

年份	产量（万吨）	总种植面积（万公顷）	开割面积（万公顷）	新种植面积（万公顷）	重新种植面积（万公顷）
2013	86.5	114.3	68.6	1.3	1.4
2014	84.0	116.1	69.5	1.8	0.7
2015	81.6	116.0	71.1	0.6	2.0
2016	81.6	117.8	72.0	2.0	0.9
2017	81.7	117.6	74.4	0.5	1.4
2018	82.4	115.5	76.5	0.3	1.2
2019	84.0	115.7	77.0	0.5	1.1

数据来源：中国橡胶信息贸易网。

自2000年以来，随着天然橡胶市场价格的驱动和国家良种补贴等惠农政策的落实，我国胶农种植天然橡胶积极性空前高涨，发展势头强劲。部分生产者除加强现有胶园管理和用足现有的宜胶地植胶外，还对一些效益不稳的经济作物用地，如果园、旱坡地等进行作物调整，并种上了橡胶树。仅十年，我国植胶面积就增加了386千公顷，增长61.8%（见图2－1）。

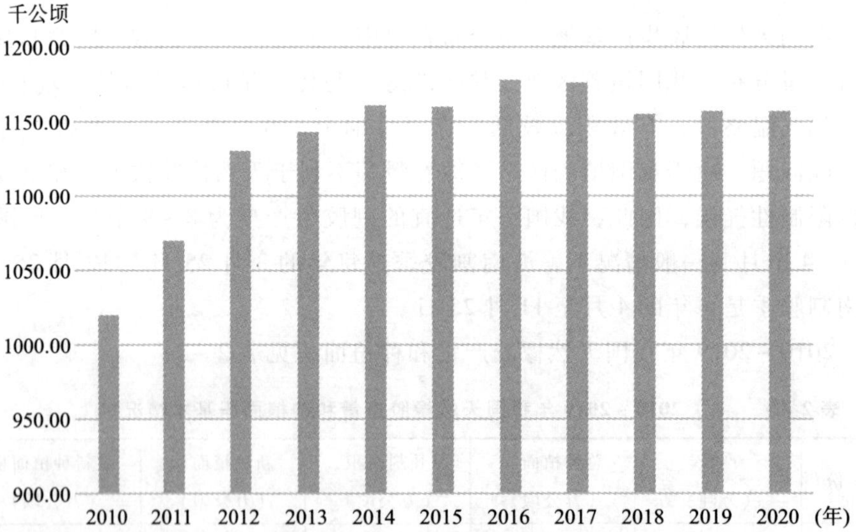

图2－1 2010～2020年我国植胶面积变化情况

数据来源：ANRPC公开数据。

2012年以来，受天然橡胶价格持续低迷影响，我国胶农和企业扩大种植橡胶的积极性降到低点，种植面积几乎不再扩大，甚至出现砍树改种其他作物的倾向。我国连续出台相关政策，如关税政策、试点橡胶收入保险政策、科研研发推广和天然橡胶生产保护区建设等，有效促进出口、保护胶农和企业利益，平抑生产成本上涨。此外，我国天然橡胶生产加工布局进一步优化，初级产品加工厂从2005年的330多家整合到2018年的166家；初加工产品结构有较大调整，从传统的5号、10号胶和高氨浓缩胶乳的占比95%下降到不足50%，20号胶占比超过25%，颇受轮胎企业欢迎的9710号标准胶占比也达10%以上。

四、目前中国天然橡胶生产存在哪些问题？

经过多年来的发展，我国天然橡胶产业取得了一定的成绩，但是由于受到主客观等多方面条件的制约，目前仍然存在以下问题：

（一）生产亏损

一是我国天然橡胶生产成本在全球种植区而言明显处于偏高水平。据不完全统计，海南农垦的生产成本约为13000元/吨，云南农垦的生产成本约为11000元/吨。按照近几年的胶价来看，天然橡胶市场价早已长时间跌破我国生产成本线。

二是过量进口胶冲击国内市场。根据海关数据显示，2018年我国天然橡胶进口566万吨，国产82万吨，而当年消费量只为567万吨，如果再加上走私胶和库存胶，国内天然橡胶资源总量更多。

（二）存在胶园弃割弃管现象

近几年，我国天然橡胶生产已连续亏损，2019年各植胶区存在弃割和大量弃管现象，农垦胶园投入大幅下降，肥料等生产资料投入减少2/3以上；民营胶园基本弃管，处在荒芜状态，未投产树丢荒率达80%。海胶集团割胶工由5年前的5万多名下降到目前的1.5万名左右，尽管实施了由过去2天一刀变为5天一刀，仍有20%的胶园被弃割，当地民营胶园弃割率多达60%（见图2－2）。因胶园失管严重，单产水平下降。海南、云南已出现砍胶改种其他作物的情况。随着海南的旅游业发展和免税岛建设以及云南旅游业的发展，加上年轻人外出打工人数的增加，导致胶工年龄老龄化，年轻胶工极度缺乏。

图2－2　海南农垦胶林

（三）熟练工严重流失

2015年以来，海南农垦已有12000多名割胶工弃胶改行，割胶工流失率达40%。现有胶工年龄偏大，目前45岁以上的胶工已上升到60%以上。云南割胶工弃胶改行也达30%。据了解，2018年底，海南农垦缺胶工1万多名；云南应割胶而被迫停割的胶园达40%；广东采取视胶价情况定割停的办法生产。

（四）基础设施薄弱

一是田间基础设施建设滞后。20 世纪投产胶园梯田因长期失修已几乎失去保水培肥功能；防护林带大多已残缺不全，防护能力大大降低；田间道路、排水沟等设施许多已丧失作用。以上原因导致目前我国大面积胶园亩产量不足 70 千克（主产国 120 千克），单产水平在世界 40 多个植胶国家中，已从 20 世纪 90 年代的前 11 位跌落为末几位。二是胶园老、残、次胶树多。待更新的亩产不足 50 千克的老、残、低产胶园仍有近 200 万亩，占收货面积的 20% 以上。这部分胶园都处在一类宜植区，产能本该占目前国内产胶量的 35% 以上，但目前仅为 14.5%，不仅效益低下，还浪费了我国有限的植胶资源。三是胶园抗逆能力弱，胶树非生产期延长。我国未投产需抚管的胶园达630 亩（2014 年），因投入严重不足，目前有60% 的幼龄胶园需要抚管 8 ~ 10 年才能勉强达到投产标准，大大超过了 6 ~ 7 年投入生产的国家标准。另外，抚管不到位的胶树，抗逆能力减弱，在我国风、寒、病、虫频发的植胶区，每年将增加 10% 以上的损失。

（五）技术水平低，劳动成本高

当前，我国因科学技术应用程度低，生产上应用的常规技术措施都被打了折扣，导致胶树死皮、风寒病灾频发。此外，橡胶行业田间作业机械化程度低，除开荒、运输外，一般都由人工操作，特别是割胶劳动，既要起早又要防盗，且技术要求高，劳动强度极大，人们一般不愿意从事此劳动，只能出高薪聘请胶工；而初加工设备落后，自动化程度低，也导致产出小、生产成本居高不下。

五、泰国天然橡胶产业情况如何？

泰国自 1991 年以 134 万吨的产量成为全球最大天然橡胶产胶国和出口

国以来，其橡胶种植业一直稳步发展，并使泰国稳居全球天然橡胶生产国前列。2019 年泰国天然橡胶种植面积达 355.1 万公顷，已开割面积 327.7 万公顷。2015 ~2019 年泰国天然橡胶总种植面积保持下降，但开割面积持续上升（见表 2 -4）。2017 年起，世界天然橡胶市场行情持续走低，泰国作为天然橡胶生产与出口第一大国，已经开始实行一系列政策。为解决削减种植面积、减少天然橡胶供应量的问题，泰国政府启动财政补贴的方式来补偿参与此项目的种植户。为了避免影响泰国天然橡胶种植户的利益，泰国政府还限制国外投资公司在本国投资种植园，并在泰国各种植区域限制减少橡胶种植园。2017 年，泰国采取提高国内需求的措施，增加天然橡胶在公路建设中的用量。2018 年，泰国计划在全国 300 万莱橡胶园暂停割胶 3 个月，并拨款 135 亿泰铢补偿胶农们的损失。2019 年，泰国制订年度翻种计划：一是将 32000 公顷的橡胶树进行翻种；二是把 32000 公顷的橡胶树替换成其他作物。因为这些计划并没有完全严格落实，所以短期看可能对胶价有一定的提振作用。2019 年泰国天然橡胶出口比 2018 年下降 7.4%，降至 397.9 万吨。

表 2 -4　　泰国天然橡胶种植情况　　单位：万公顷

年份	总种植面积	开割面积
2010	243.6	217.6
2011	320.5	233.4
2012	337.4	267.4
2013	355.4	278.2
2014	365.9	290.5
2015	370.3	294.8
2016	367.0	295.5
2017	363.4	307.9
2018	359.9	322.7
2019	355.1	327.7

数据来源：中国橡胶信息贸易网。

据统计，泰国现有天然橡胶种植园主和独立种植者约 600 万人，其中 90% 以上是小规模的个体种植者，天然橡胶园面积通常不超过 2 公顷。

泰国天然橡胶业的特点是：种植面积大，但产量不高，优良品种的推广相对较慢，加之割胶技术差，伤树严重，导致胶树更新时间提前，资源浪费较大；泰国制胶加工工艺先进、生产规模大、机械化程度高，且非常重视产品质量检验工作，从而保证了产品的质量信誉；天然橡胶从生产到销售只有一项费用，即国家对每千克天然橡胶提取0.9铢（折合人民币0.18元）的费用，而这笔费用的85%又返回到胶农种植、开垦和更新上。另外，胶农以合作社的形式组织起来，共同抵御经营风险，许多日常事务都由合作社负责解决。

泰国政府对天然橡胶产业非常重视，经营天然橡胶的企业几乎没有社会负担，也没有更多的税费，且政策优惠。但是泰国天然橡胶行业存在管理过于分散的问题，导致世界天然橡胶市场行情常随泰国政局和天气等因素大幅波动。

泰国天然橡胶产量的90%供出口，主要出口国有中国、日本、马来西亚、美国和韩国，这五大出口目的地占泰国天然橡胶出口总金额的70%以上（见表2－5）。泰国天然橡胶出口的主要品种有标准胶、烟胶片和乳胶。2004年以前，烟胶片的出口量占一半左右；2004年以后，标准胶的出口量超过了烟胶片，标准胶约占40%，烟胶片占30%，乳胶占20%。

表2－5　　泰国天然橡胶产量及出口情况　　单位：万吨

年份	产量	出口数量
2010	305.2	286.6
2011	334.9	295.2
2012	413.9	312.1
2013	430.5	366.4
2014	456.6	377.0
2015	446.6	375.0
2016	451.9	380.5
2017	450.3	409.7
2018	481.4	429.8
2019	484.0	397.9

数据来源：中国橡胶信息贸易网、联合国粮农组织。

泰国天然橡胶出售一般通过三个渠道进行：一是通过世界市场，例如新加坡 SGX 市场（原 SICOM）、日本 JPX 市场（原 TOCOM）、上海 SHFE 和 INE 市场、伦敦市场以及纽约市场等；二是通过橡胶出口商和橡胶使用者之间的直接贸易；三是通过对销贸易来进行。

中国是泰国天然橡胶出口主要目的地，占泰国天然橡胶总出口的 40% 以上。泰国是世界第一大生产国，而中国是世界第一大消费国，泰国天然橡胶出口与中国需求密切关联。2009 年受金融危机影响，泰国对日本、美国市场的天然橡胶出口量锐减，但对中国的出口量比上年增加 1 倍多，主要原因是中国汽车业快速发展。

2019 年泰国商务部贸易谈判厅厅长介绍，2018 年泰国出口至中国市场的天然橡胶总价值约计 19.60 亿美元，约占天然橡胶出口总量的 43%。

六、马来西亚的橡胶产业情况如何？

橡胶业是马来西亚的重要产业之一，是国民经济的重要组成部分。其橡胶业主要包括天然橡胶种植和橡胶制品生产两部分。全行业从业人员超过 40 万人。马来西亚曾经是仅次于泰国、印度尼西亚的全球第三大天然橡胶生产国和出口国，近年来其出口份额被越南赶超。马来西亚还是全球第一大橡胶手套、橡胶导管及乳胶线出口国，第五大橡胶消费国。

马来西亚也是世界人工栽培巴西橡胶树最早的国家之一。20 世纪初以来，马来西亚的天然橡胶种植面积一直居世界第一位，1940 年达到 156 万公顷，1970 年达到其最高值 201.9 万公顷，70 年代后期胶园面积开始萎缩。1980 年马来西亚天然橡胶种植面积为 200.3 万公顷，1990 年 9 月降为 183.7 万公顷，到 1997 年只有 166.3 万公顷，18 年来植胶面积净减少 34 万公顷，面积减少 17%，平均每年减少 1.89 万公顷；而同期油棕的种植面积却从 102.3 万公顷增加到 278.5 万公顷，净增加 176.2 万公顷，面积增加 1.72 倍，平均每年增加 9.79 万公顷。马来西亚大型种植园主要集中在吉达州

Kedah、玻璃市 Perils、森美达州 NegeriSembilan、霹雳州 Perak 和槟城 Penang。

从 1998 年以后，马来西亚天然橡胶种植面积呈现逐年下降势头，至 1998 年还有 160 万公顷，2000 年有 120 万公顷；2010 年，种植面积降至最低点 102 万公顷，随后逐年缓慢上升，2019 年种植面积为 111 万公顷（见表 2 – 6）。

表 2 – 6　马来西亚天然橡胶种植情况　单位：万公顷

年份	总种植面积	开割面积
2010	102.0	63.5
2011	102.7	66.4
2012	104.1	63.1
2013	105.9	59.0
2014	106.9	50.0
2015	107.4	51.2
2016	107.8	48.1
2017	108.2	51.0
2018	108.5	42.2
2019	111.3	44.8

数据来源：中国橡胶信息贸易网。

植胶面积减少，而油棕种植面积迅速增加，原因是：油棕的产值远高于天然橡胶，利润可至 5 ~ 10 倍，且油棕的非生产期略短于天然橡胶，所耗劳力少于橡胶树常年采胶所需的劳力，因而，生产成本低于天然橡胶。种植油棕的高工资吸引着工人们离开橡胶园，同时维持生产天然橡胶的土地和资金费用也越来越高，导致马来西亚天然橡胶产量急剧下降。近十年马来西亚天然橡胶价格再次出现明显上涨，但其在天然橡胶生产中的龙头地位已经被泰国取代。

20 世纪 90 年代初期，马来西亚天然橡胶的产量和出口量占世界总量的 25% 和 30%；90 年代末期因国际橡胶价格持续低迷，天然橡胶产能萎缩，产量和出口量剧减至 9% 和 4%。2010 年以来，随着国际市场对橡胶需求的增加，国际胶价回升，马来西亚橡胶业开始复苏。

马来西亚的天然橡胶主要出口国家为中国、德国、美国和韩国。其中，中国是马来西亚最大的天然橡胶出口国，2020年马来西亚对中国的天然橡胶出口占比增长约3%，提高至52%（见表2-7）。

表2-7 马来西亚天然橡胶产量及出口、消费情况 单位：万吨

年份	产量	出口数量	消费数量
2010	93.9	127.1	47.8
2011	99.6	125.7	42.1
2012	92.3	134.4	45.9
2013	82.6	138.0	44.7
2014	66.9	121.6	45.9
2015	72.2	113.2	48.4
2016	67.4	105.3	50.4
2017	74.0	121.7	51.8
2018	60.3	112.2	54.2
2019	64.0	105.8	52.8

数据来源：中国橡胶信息贸易网、联合国粮农组织。

马来西亚橡胶工业包括乳胶、轮胎、通用橡胶等行业。其中，乳胶行业是最主要的行业，主要产品有乳胶手套（包括橡胶手套、医用手套、家用手套、工业手套），橡胶卷，气球等，这些产品占马来西亚出口橡胶制成品的75%。轮胎行业中，汽车、卡车及越野车轮胎的生产企业有4家，其他为内胎及轮胎阀生产企业，2005年轮胎产量1500万条。通用橡胶产品包括密封圈、橡胶喉、橡胶管、橡胶带等，主要用于电子电器及建材等行业。2015年，马来西亚橡胶工业企业共有300家左右，其中制造乳胶手套的企业有53家，生产气胎和内胎的企业分别有8家和9家。可见，轮胎企业在马来西亚并不是主要的橡胶消耗企业。

根据马来西亚的政策变化，马来西亚已经从天然橡胶出口国变为消费国，是继中国、美国、日本和印度之后的全球第五大橡胶消费国。2019年当年消耗天然橡胶52.8万吨，其中75%以上的消耗以乳胶手套为主。2020

年全球公共卫生事件的暴发，加之经历卫生事件后人民生活、工作防护意识的提高，导致全球对于乳胶手套保持强劲的需求，预计 2021 年全球对乳胶手套仍将保持较为旺盛的消费。2019 年，马来西亚橡胶制品总出口额 233.4 亿林吉特，占马来西亚当年出口总值的 2.37%。

七、印度尼西亚的橡胶产业情况如何？

印度尼西亚是居泰国之后的世界第二大天然橡胶生产国，是世界上天然橡胶种植面积最大的国家。因此，不论是目前的产量还是未来的发展，印度尼西亚对世界天然橡胶市场的影响都举足轻重。

印度尼西亚于 1902 年开始种植天然橡胶，是目前世界上种植天然橡胶面积最大的国家，根据 2019 年统计，种植总面积达到 367.6 万公顷。印度尼西亚天然橡胶种植情况见表 2-8。

表 2-8　印度尼西亚天然橡胶种植情况　单位：万公顷

年份	总种植面积	开割面积
2010	344.5	277.3
2011	345.6	279.2
2012	350.6	280.6
2013	355.6	299.0
2014	360.6	299.5
2015	362.1	303.6
2016	363.9	304.2
2017	365.9	305.4
2018	367.1	312.7
2019	367.6	322.1

数据来源：中国橡胶信息贸易网、联合国粮农组织。

印度尼西亚天然橡胶种植面积虽然是世界第一，但是单产较低，平均1吨/公顷·年。印度尼西亚天然橡胶产量主要分布在北苏门答腊、南苏门答腊、西苏门答腊、西加里曼丹等区域。整个苏门答腊岛种植面积占总面积的75%，主要分布在以棉兰为中心的北苏门答腊，约占苏门答腊产量的30%，以居港为中心的南苏门答腊占35%；加里曼丹岛种植面积占20%，主要分布在昆甸和班加班千；另外，西苏门答腊的巴东和廖省也是主要产地。如果以赤道为界，赤道以南的地区占总面积的60%。苏门答腊、爪哇一带主产区都有强大的加工企业集群，巨港和棉兰两市的天然橡胶加工能力在120万吨左右；企业规模较大（年生胶加工能力为2万~6万吨，平均为5万吨/年），生胶质量稳定，多为米其林等大跨国轮胎公司所直接采用。

印度尼西亚是大规模种植天然橡胶树的起源地，天然橡胶的商业栽培始于1902年，1910年植胶面积11.1万公顷，1920年和1930年分别为46.1万公顷和130.2万公顷，1970年续增至231.7万公顷，1989年达到311.08万公顷，1997年达到351.6万公顷，1998年降到334万公顷，胶园面积居世界首位。早在第二次世界大战前夕，印度尼西亚天然橡胶年产量已达82万吨，为世界头号产胶国。

随后由于战争及近20年国内政局动荡，1960年印度尼西亚的天然橡胶产量仅达60万吨。自1969年起，印度尼西亚大规模更新和扩种高产品种，1991年天然橡胶产量由1979年的90.5万吨增至128.4万吨。印度尼西亚天然橡胶业发展潜力巨大，其不仅有大量宜胶地，而且劳力和种植材料也十分丰富。为增加产量，1988年起，印度尼西亚开始大规模推广新材料，如GTl等。1999年印度尼西亚天然橡胶产量达168.7万吨，2019年产量达到330.1万吨，其中90%用于出口，剩余天然橡胶用于本国制造业和汽车业。

2010~2019年印度尼西亚天然橡胶产量见表2-9。

表2-9　　印度尼西亚天然橡胶产量　　单位：万吨

年份	产量	出口数量
2010	273.5	237.4
2011	299.0	257.1
2012	301.2	253.1

续表

年份	产量	出口数量
2013	323.7	280.3
2014	315.3	269.0
2015	314.5	267.4
2016	315.7	260.3
2017	362.9	327.7
2018	363.0	295.4
2019	330.1	258.3

数据来源：中国橡胶信息贸易网、联合国粮农组织。

印度尼西亚生产的天然橡胶中，标准胶是主要的出口产品，出口量约占其产量的90%，印度尼西亚天然橡胶主要出口到美国、日本、中国、新加坡、韩国等。近几年，随着中国市场消费量的攀升，印度尼西亚对中国的天然橡胶出口份额也在迅速提升。

2012年后，印度尼西亚天然橡胶的新种植面积和翻新种植面积逐年减少，分别从50万公顷和60万公顷降至2019年的5公顷和16公顷，但得益于政府扶持政策和技术水平的上升，其总产量仍保持稳步上升。政府将按照既定的日程制定新的政策，对那些产量很低的小农场进行翻新种植。加里曼丹岛将是印度尼西亚以后增加种植面积的主要区域。由于在种植面积方面的发展空间和潜力比泰国大，印度尼西亚将很快取代泰国而发展成为世界第一产胶国。

八、缅甸的橡胶产业情况如何？

缅甸年均天然橡胶产量约为5万吨，除部分用于国内消费外，90%以上出口至中国、新加坡、马来西亚、日本、韩国等国家。缅甸是中国替代种植指标主要的进口来源国，目前缅甸出口至中国的天然橡胶的数量已占出口总量的70%。2020年，中国从缅甸进口天然橡胶23万吨，其中，混合胶、初级形状天然胶、烟胶片、胶乳、技术分类天然橡胶分别占比37%、27%、23%、11%和2%；中国从缅甸进口的天然橡胶占进口总量的3.90%。

天然橡胶是缅甸的重要经济来源之一，在当地被称为“白色的金子”（见表2－10）。缅甸主要生产天然橡胶的省邦是孟邦、克伦邦及德林达依省。根据2017年缅甸官方报道的数据，孟邦是天然橡胶种植面积最多的省份，种植面积达20万公顷，年产橡胶10万吨；德林达依省的橡胶种植面积约为15万公顷，但目前能割胶生产胶水的只有6万公顷，橡胶年产量为3万多吨。

表2－10　　缅甸天然橡胶基本情况

年份	产量（万吨）	收获面积（万公顷）
2010	12.6	18.7
2011	14.7	19.8
2012	16.2	21.4
2013	17.4	23.2
2014	19.5	25.9
2015	20.9	28.1
2016	22.2	29.3
2017	23.8	31.1
2018	27.5	33.0
2019	26.5	33.8

数据来源：联合国粮农组织。

近几年，国际橡胶市场较大的波动性及缅甸国内军事动荡等导致缅甸胶农们种植天然橡胶意向减弱。此外，20世纪初，在开始栽种时胶农没有选择好良种、栽培方法不合理、割胶人手不够、成本过高等各种原因也使小橡胶园主们受到很大困扰。缅甸政府从2016年开始采取一系列扶持措施，如建立天然橡胶交易中心、天然橡胶送交购销站，对胶农们进行一定的培训，配套建设实验室用于检验产品质量等。

九、柬埔寨的橡胶产业情况如何?

柬埔寨是天然橡胶种植及出口的主要国家之一，因属热带季风气候，雨水丰富，有种植橡胶的天然条件，1913 年就开始种植天然橡胶，是亚洲最早进行天然橡胶种植的国家之一。20 世纪初根据国际形势，柬埔寨开始大量种植天然橡胶，在产量和出口数量上都保持连续增长趋势（见表 2 -11)，其中 95% 的天然橡胶用于出口，主要出口到越南、马来西亚、新加坡、中国和欧盟国家。目前，柬埔寨橡胶加工业以乳胶、橡胶板加工、橡胶木加工等橡胶初级加工业为主。

表 2 -11　　柬埔寨天然橡胶产量和出口数量　　单位：万吨

年份	产量	出口数量
2010	4.2	4.3
2011	5.1	4.5
2012	6.5	6.0
2013	8.5	8.6
2014	9.7	10.0
2015	12.7	12.8
2016	14.5	14.5
2017	19.3	18.9
2018	22.0	21.8
2019	28.8	28.2

数据来源：中国橡胶信息贸易网。

据柬埔寨农林渔业部数据显示，柬埔寨全国橡胶生产企业逾 70 家，主要分布在磅湛省、桔井省、拉达那基里省、蒙多基里省及部分西部和北部省份等橡胶种植区。因柬埔寨国内仍然缺乏橡胶制造轮胎、日用品的资金和技术，所以政府支持引进国外投资商投资建厂。

柬埔寨天然总种植面积和开割面积见表2－12。

表2－12　　柬埔寨天然总种植面积和开割面积　　单位：万公顷

年份	总种植面积	开割面积
2010	18.1	3.8
2011	21.3	4.5
2012	28.0	5.5
2013	32.9	7.9
2014	35.8	9.1
2015	38.9	11.1
2016	43.3	12.7
2017	43.6	17.0
2018	43.7	20.2
2019	40.6	25.1

数据来源：中国橡胶信息贸易网。

为促进国内橡胶产业的可持续性长期发展，柬埔寨政府鼓励投资建设天然橡胶加工厂，进一步提高产品附加值，同时提供更多的就业机会。据柬埔寨发展理事会统计，柬埔寨天然橡胶种植加工产业是外商直接投资主要领域之一，已吸引越南、中国、马来西亚、韩国等外商投资布局。越南橡胶工业集团在柬埔寨磅同省投资建设的东南亚地区规模最大的橡胶制品加工厂之一的诸色—磅同橡胶制品加工厂于2018年1月举行揭牌仪式，这是越南橡胶工业集团在柬埔寨投资建设的第三家加工厂，该厂产量到2022年将提升至4.5万吨/年。我国企业山东威海华岳集团2009年整体收购了柬埔寨规模较大的天然橡胶加工厂，2016年在柬埔寨投资布局以天然橡胶种植、加工为主业的绿色农业产业园，其中橡胶加工厂位于克本特蒙省首府三州府市。

十、非洲的橡胶产业情况如何？

非洲是全球第二大天然橡胶产区。虽然非洲在20世纪40年代才开始种植天然橡胶，但经过近50年的发展，整个非洲天然橡胶种植面积就已经超过50万公顷，是很有潜力的天然橡胶产区。目前非洲天然橡胶出口约有68%份额流入欧美市场，亚洲市场仅占16%左右，另有16%左右在本土消化。因中国仍是天然橡胶需求第一大国，因此未来出口亚洲份额正在逐步扩大。

目前非洲国家中，天然橡胶主产国包括科特迪瓦、尼日利亚、加纳、利比里亚以及喀麦隆等。科特迪瓦天然橡胶产量较其他几个国家来说最大，该国产量基本上都保持在整个非洲产区的一半及以上（见表2－13）。

表2－13　非洲及主要国家天然橡胶产量　单位：万吨

年份	科特迪瓦	尼日利亚	利比里亚	喀麦隆	加纳	非洲
2010	23.5	14.5	6.2	5.5	2.0	56.6
2011	23.9	14.5	6.3	5.6	2.0	57.2
2012	25.7	14.8	7.8	5.5	2.0	61.0
2013	29.0	15.0	7.5	5.5	2.1	64.1
2014	31.6	14.9	4.7	5.5	2.2	64.3
2015	35.0	14.7	4.6	5.2	2.2	67.2
2016	45.3	14.8	4.7	5.0	2.2	77.7
2017	58.0	14.8	4.9	5.3	3.7	92.7
2018	62.4	14.9	5.5	4.8	4.1	97.9
2019	66.5	15.0	4.2	5.1	3.1	99.7

数据来源：联合国粮农组织。

科特迪瓦的支柱产业是可可和咖啡，同时也是世界上最大的可可生产和出口国，可可产量占全世界总产量的45%左右。但其产品长期附加值低，收入缺乏稳定性，越来越多农户转向种植收入更加稳定的橡胶。科特迪瓦的天然橡胶主要来自小农户，典型的天然橡胶种植户一般拥有2000棵左右的胶树，占全部橡胶树比例的80%，剩余的为大型种植园。近几年，在全球橡胶价格低迷的情况下，科特迪瓦橡胶产量仍然保持强劲的上升势头，其政府农业部门发挥着重要作用。如2019年，科特迪瓦管理机构Apromac橡胶发展基金会（FDH）为橡胶产业提供25亿非洲金融共同体法郎（380万欧元）资金，同时训练600名割胶手；Apromac按照新加坡商品交易所橡胶CIF价格的61%，设定当月天然橡胶的收购价格，在过去10年里，这种规则证明是有效的，促使当地胶农想方设法提高产量；2018年9月在阿比让组织了国际橡胶会议，并于10月底成立橡胶委员会，旨在监管受国际价格下跌影响的天然橡胶行业。

科特迪瓦政府多年来给予橡胶种植不懈的扶持，使科特迪瓦天然橡胶种植面积逐年扩大，其产量也出现井喷式增长。特别是2015年后，科特迪瓦天然橡胶产量逐年递增，近几年已超过马来西亚，有赶超中国的趋势。此外，2018～2020年中国自科特迪瓦年度进口量分别约为3.16万吨、9.88万吨和17.72万吨，进口量出现井喷式增长。主要原因是：虽然市场上流通的非洲天然橡胶只有10号胶，其品质略低于马来西亚、泰国和印度尼西亚的20号胶，但其价格比马、泰、印胶有较大优势。目前，进口均价中，科特迪瓦标准胶价格处于最底端，泰国次之，印度尼西亚标准胶价格最高。虽然科特迪瓦天然橡胶体量及品种规格仍无法与东南亚主产国相比，在中国市场的流通量暂且有限，但其市场认可度在逐渐提升，未来也值得期待。科特迪瓦天然橡胶在过去几年得到快速发展，基本全部出口，而其轮胎及橡胶制品制造产业近几年都没有多大发展，只有不到10%的产量用于本国橡胶加工生产，所以发展橡胶制品产品也是科特迪瓦今后的方向。

尼日利亚天然橡胶的生产始于19世纪末，该国橡胶工业为国民经济发展提供了重要支持。该行业不仅为农业企业提供所需的原材料，提供收入来源，尼日利亚作为天然橡胶净出口国，天然橡胶行业还为该国提供大量就业机会。目前，天然橡胶依然是尼日利亚继石油、毛皮、可可之后的第四大创汇产品。尼日利亚橡胶产区Edo和Delta地区80%以上的天然橡胶加工厂生产粒状生胶或绉胶用于出口。与科特迪瓦政府相反，由于尼日利亚政府的忽视，尼日利亚天然橡胶经济作物的实际产生价值远远低于其最大潜力。近十年，由于树木老化、新植树木没有跟进，二手、走私轮胎进口冲击，高企的电力成本等商业环境恶化影响以及米其林和邓录普轮胎厂相继关闭等原因，尼日利亚国内橡胶需求大幅下降，也影响天然橡胶种植者的积极性。据估计，尼日利亚由于无力向世界其他地区供应和出口足量天然橡胶，潜在收入可能损失 60 亿美元以上。截至 2018 年年中，尼日利亚有 41 家天然橡胶加工厂，低于 10 年前的 57 家。目前，这些工厂中只有 27 家在运营，而尼日利亚天然橡胶工业加工设施的实际运行产能也约为其装机加工能力的 1/6。目前尼日利亚橡胶工业仍处于较为混乱的时期，但该行业仍有复苏的机会，关键在于尼日利亚政府是否愿意放弃对石油和天然气工业的全力关注，再次为橡胶工业提供支持，或者允许外国直接投资橡胶工业。

十一、世界天然橡胶的消费状况如何？

天然橡胶的主要消费地集中在亚太地区、美国和西欧。亚太地区是消费量居世界第一位的地区，合计消费量占全球的 75%，其中中国的天然橡胶消费量约占全球的 40%，居世界第一位；美国天然橡胶消费量为第二位，约占全球的 13%；西欧消费量约占全球的 12%。

天然橡胶的消费量可分为两大范畴，即轮胎部门和一般胶制品部门。轮胎部门的消费量除包括轿车和商用车外，还包括其他车辆内外胎的耗胶量，轿车和商用车以外的其他车辆的耗胶量约占轮胎部门总耗胶量的 15%～25%。轮胎工业的耗胶量几乎达到天然橡胶总产量的 3/4。

目前，尽管天然橡胶在轿车和轻型车轮胎中只占约 20% 的比例（就全世界范围内的平均比例而言），但在商用车辆轮胎中占 50% 左右，在重型车辆轮胎中占 80% 或更高；而在某些制品方面，例如飞机轮胎，几乎占到 100%。这是因为天然橡胶具有合成橡胶所无法比拟的优势，天然橡胶的低滞后性，把生热减少到最低程度，并具有良好的滚动阻力，其较低的玻璃化转变温度使之具有良好的黏合性。天然橡胶的滞后性虽低，但在拉伸的情况下，它的结晶却带来了良好的工艺性能。因此，天然橡胶在未来若干年的需求量是很大的。在工艺胶制品范围内，天然橡胶最终将成为一种专用的弹性体。

关于世界天然橡胶需求现状，行家普遍认为，东南亚国家 21 世纪初天然橡胶产销走势决定了 21 世纪初世界天然橡胶产销的发展趋势。马来西亚、泰国、印度尼西亚等世界主要产胶大国土地的比较效益下降、汽车行业的发展、劳动力成本上涨、工业化进程加快等，对天然橡胶的需求量将稳步增加。

从全球范围来看，2019 年全球天然橡胶产量达 1376 万吨，消费 1367 万吨，供过于求。天然橡胶产量变化主要由产能以及实际开割面积来决定，因 2010 ~2012 年大量的新橡胶树苗被种植，经过成长期，预计 2021 年可开割面积达到峰值。但实际上，产胶量不仅仅与种植面积有关，更在于胶农的割胶意愿与单产所形成的实际产能利用率。近几年由于下游消费放缓、产能过剩，胶价处于疲软状态，使得胶农割胶意愿较低。

十二、中国天然橡胶的消费情况如何？

随着中国逐渐成为“世界工厂”，天然橡胶的需求量将继续加大，预计今后进口天然橡胶占消费总量的比例还会上升，将达到 2/3（见表 2 - 14）。

表 2 - 14　中国天然橡胶表观消费量　单位：万吨

年份	表观消费量	产量	进口数量
2010	342.0	69.1	276.3
2011	360.2	75.1	284.8
2012	389.0	80.2	336.8
2013	427.0	86.5	384.9

续表

年份	表观消费量	产量	进口数量
2014	480.4	84.0	409.8
2015	468.0	81.6	410.2
2016	489.6	81.6	430.2
2017	538.6	81.7	546.8
2018	567.0	82.4	541.0
2019	554.4	84.0	505.8

数据来源：中国橡胶信息贸易网、联合国粮农组织。

中国汽车工业的迅猛发展已成为中国经济发展的加速器，汽车需求的持续增加使得国内汽车产能在近几年飞速扩张。中国汽车工业的井喷走势已成为全球汽车工业发展的奇迹，巨大的市场需求和投资的迅猛增长推动了汽车工业产能的持续攀升，从而直接带动了国内轮胎行业的飞速扩张，进而推动国内橡胶需求逐年增加，目前轮胎的用量占天然橡胶使用量的一半以上。中策橡胶、玲珑轮胎、风神轮胎、三角集团和双钱集团等轮胎企业是我国天然橡胶的使用大户。国际橡胶研究协会（IRSG）的统计数据显示，中国已经成为全球最大的天然橡胶消费国。世界最大的五个天然橡胶消费大国依次为：中国、美国、日本、印度、马来西亚。

全球天然橡胶贸易的增量主要在新兴市场国家，中国占据了其中绝大部分，印度等地的缺口也正在放大。随着中国已进一步成为全球需求和价格波动的来源，天然橡胶的定价中心逐步从传统的日本、新加坡转移到了上海。

十三、国际天然橡胶现货贸易中主要定价方法是什么？

目前的国际贸易中，天然橡胶的流通环节呈现多元化格局，定价基本上采用期货定价方式。因为期货价格是通过公开、公平、高效、竞争的期货市场，通过交易双方的喊价交易形成均衡价格，已经反映了诸多影响价格的因素，如基本供需关系、地缘政治、突发事件、投机炒作等，且形成的价格具有真实性、预期性、连续性和权威性的特点。所以，完善的期货市场产生的价格有很强的指导性，能成为国际的定价基础。

天然橡胶的种植和现货贸易受政府相关管理部门的政策法规、关税、国储政策和下游轮胎行业规划和政策等诸多方面的影响。以中国为例，天然橡胶产业受到农业农村部、商务部、生态环境部、国家林业和草原局、海关总署等多部委的监督和支持；进口天然橡胶实行关税征收，天然橡胶的进出口需关注海关总署等发布的相关关税及出口退税等规定；我国建立了国家储备制度，在胶价急剧波动时通过收储、限售来稳定市场；橡胶林木属于经济林，其培育种植、采伐利用和经营管理均需遵守《中华人民共和国森林法》及《中华人民共和国森林法实施条例》；轮胎行业作为天然橡胶的主要下游应用领域，其行业规划及产业政策对天然橡胶产业都会产生重要影响。

国际上用于生产和消费的几类大宗商品的定价权大多掌握在少数几个国家（如美国、英国、日本等）手中。国际上开展天然橡胶期货交易的有日本交易所、新加坡交易所、泰国期货交易所、印度国家大宗商品交易所、上海期货交易所和上海国际能源交易中心。在国际天然橡胶现货贸易中，日本本国几乎不种植橡胶，但作为天然橡胶的净进口国，日本却拥有完善的法律、合约设计的合理和交易参与者的国际性等优势，掌握了国际天然橡胶的定价权。另外，上海期货交易所不断丰富天然橡胶衍生品序列，逐步形成了天然橡胶期货及期权、20号胶期货、天然橡胶标准仓单及延伸仓单、天然橡胶“保险+期货”组成的多层次天然橡胶衍生品体系，覆盖了境内外市场、产业链上下游企业的不同风险管理需求，天然橡胶产业链可使用的风险管理工具越来越丰富，已经逐渐发展成为天然橡胶的世界定价中心。

十四、天然橡胶现货贸易交易方式是什么？

天然橡胶贸易交易有多种形式存在。以中国为例，按产业链划分，天然橡胶业务包括种植、加工、贸易等环节；按运营区域及结算币种，天然橡胶业务分为美元国际、美元中国、人民币中国等；按品种及产地划分，天然橡胶业务包括 SMR/CP、SIR20/CP、STR20/CP、TSR20、SCR5、SCR10、TSR9710、WF、RSS3 等，其中 XXX20/CP、WF 为主要交易品种。此外，在采购方面，天然橡胶业务也可分为长约销售和随机销售。国际贸易的长约销售定价基准通常为 SGX SICOM TSR20 订单上月期货月均结算价格，根据不同品种、交期、区域调整升贴水因素。随着上海 20 号胶期货的稳健运行，国际贸易长约销售定价基准开始采用 INE 20 号胶期货的月均价。

新时期下天然橡胶贸易模式的创新主要有四种，分别为套利、贸易融资、贸易商长约和线上交易平台。

套利：天然橡胶现货与期货日益融合，期货市场套利交易日渐成为主流，传统的现货领域也诞生了一批以跨市套利、期现套利为主要操作模式的贸易商。

贸易融资：国内外息差拉大、国内融资困难、人民币不断升值，过去一段时间通过大宗商品进行融资的操作增多，包括天然橡胶。随着天然橡胶价格震荡幅度的加大，出于风险规避的考虑，融资操作有所减少。

贸易商长约：国内的贸易商也开始更多地与供应商签订长约，以保证其操作量的稳定性，其风险多数通过期货市场进行对冲。

线上交易平台：除却传统的期货和现货市场，各类新的电子交易平台也在研究推出，电子商务进一步渗透至天然橡胶市场。

十五、国际国内主要橡胶组织有哪些？

全球主要的橡胶组织有天然橡胶生产国协会（ANRPC）、国际橡胶研究组织（IRSG）、国际橡胶研究与发展委员会（IRRDB）、国际橡胶组织（IRCO）、中国天然橡胶协会、中国橡胶工业协会、泰国橡胶协会、印度尼西亚橡胶协会、马来西亚橡胶协会。

十六、中国天然橡胶协会的地位和作用是什么？

中国天然橡胶协会（China Natural Rubber Association，CNRA）是由中国国内从事天然橡胶生产、科研、技术推广、销售储运的相关企事业单位和有关社会团体、专家、学者、胶农及其他从业人员按照自愿、平等原则组成的具有独立法人资格的全国性社会团体，属非营利性社会组织。其成立于2007年11月15日，挂靠单位为中国农垦经济发展中心。协会的宗旨是反映会员的愿望和要求，维护会员的合法权益；为政府决策服务，遵守宪法、法律、法规和国家政策，遵守社会道德风尚，在政府和企业间起桥梁和纽带作用，推动我国天然橡胶产业持续、健康发展。

十七、中国橡胶工业协会的地位和作用是什么？

中国橡胶工业协会（China Rubber Industry Association，CRIA）是经国家民政部核准注册登记，由全国橡胶企、事业单位按照自愿、平等原则组成的具有独立法人资格的全国性社会团体。其成立于1985年，目前有会员（会籍）单位1500多家，涉及轮胎、力车胎、橡胶制品、乳胶、胶管胶带、胶鞋、炭黑、再生胶、橡胶机械、橡胶用原材料、贸易公司、科研院所、高等院校等单位。多年来协会在反映会员的愿望和要求，维护会员合法权益，遵守宪法、法律、法规和国家政策，遵守社会道德风尚等方面起到了很好的作用；同时也在政府和企业间起到了桥梁和纽带作用。

十八、天然橡胶生产国协会的地位和作用是什么?

天然橡胶生产国协会（Association of Natural Rubber Producing Countries, ANRPC）是亚洲生产和出口天然橡胶国家建立的经济合作组织，成立于1970年2月。成员国包括中国、马来西亚、新加坡、印度尼西亚、泰国、斯里兰卡、印度、巴布亚新几内亚、菲律宾、柬埔寨、缅甸、孟加拉、越南共13个国家；目前13个成员国的天然橡胶产量占全球的90%以上。该协会是天然橡胶生产统计数据和其他各种信息的可靠来源。

十九、国际橡胶研究组织的地位和作用是什么?

国际橡胶研究组织（IRSG）成立于1944年，是一个政府间组织，总部原设置于伦敦，现已迁到新加坡。IRSG提供了一个橡胶供求问题的讨论平台，涵盖了世界橡胶工业的方方面面，包括营销、运输配送、贸易、原材料的制造和橡胶制品的销售。作为政府间组织，它使世界橡胶生产国和消费者利益相关者联系在一起，是国际橡胶研究统计数据的权威来源之一。目前，该组织的成员包括16个国家：比利时、喀麦隆、科特迪瓦、法国、德国、印度、意大利、日本、马来西亚、尼日利亚、俄罗斯、新加坡、西班牙、斯里兰卡、泰国和美国。

延伸阅读

广垦橡胶集团积极拓展国际市场，从“没人要”到“抢着要”（节选）

天然橡胶是重要的战略物资，其下游有5000多种产品品类。成立于20世纪50年代的广东农垦，“立垦之本”就是天然橡胶种植与生产。在随后的发展中，由于受到资源环境的制约，广东农垦橡胶产业规模逐步萎缩，国内占比越来越小。为了改变这一局面，广东农垦积极推动天然橡胶“走出去”，与“一带一路”相关国家开展全方位战略合作。2002年，由原国家农业部批准，广东农垦成立了广垦橡胶集团。从2005年第一次“走出去”至今，广垦橡胶集团已经在7个“一带一路”相关国家成立了60余家天然橡胶种植、加工贸易企业，国内外企业职工总人数近万人，资产总额超过100亿元人民币。

回顾10多年“走出去”的历程，广垦橡胶集团有限公司总经理杨福云用“举步维艰”4个字来形容：“国外的政策环境、政治环境、风土人情与国内完全不一样，农业又是高风险行业，我们的每一步都是在摸索中前行。”

2005年，广垦橡胶集团组建了第一支海外队伍，走进泰国的沙墩府，与当地橡胶企业展开合作，以参股方式在海外生产橡胶。然而，现实却没有他们想象得那么简单，泰国作为世界上最大的橡胶生产国，其橡胶行业被四大家族企业牢牢把控，外来企业根本进入不了泰国橡胶业的“核心圈”，生产出来的橡胶产品卖不出去，更卖不上价。“那时我们的销售人员为了推销橡胶产品，到轮胎厂大门口与保安拉关系，然后混进去找到销售部门，向人家推介自己的产品。刚开始时提供样品让人家免费用，用得好了再合作。”杨福云说。

在广垦橡胶集团开拓海外市场过程中，这样的事情不胜枚举。凭借坚韧不拔、勇于探索的“农垦”精神，广垦橡胶集团逐步在泰国橡胶业站稳脚跟，2007年又在泰国的董里府建厂。随后，广垦橡胶集团还在马来西亚、柬埔寨、印度尼西亚、老挝、新加坡等东南亚国家开辟橡胶种植基地和加工厂、创建国际贸易公司，逐步树立起良好的企业形象与品牌影响力。相关国家都十分欣赏和信任该勤劳能干的“中国合伙人”。

杨福云告诉记者，广垦橡胶集团始终服从于国家战略和外交大局，服从于农垦农业主导产业对外延伸的国际化经营战略，服务于项目所在国的经济社会发展规划。为此，广垦橡胶集团提出了“低调进入、先易后难、务实推进、早见成效”的十六字方针。在投资区域方面，选择与中国外交关系良好、政治社会环境稳定、项目所在地发展规划与垦区优势产业形成互补的国家；发展策略是“先主要产胶国，后次要产胶国；先投入加工业，后发展种植业；先控有现存资源，后开发未来资源”。

杨福云说，农业企业“走出去”既要产生经济效益，更要融入当地社会，互利共赢，共享发展。“在泰国，我们定期支持当地社区举办公益活动；在柬埔寨桔井省，当地教育资源匮乏，我们投资兴建了‘胶林学校’，为当地职工、周边村庄的孩子传授知识和文化；在马来西亚砂捞越州，我们与当地‘长屋’居民建立良好关系，亲如一家人。”

2016 年，对于广垦橡胶集团的发展来说是至关重要的一年。这一年，广垦橡胶集团收购了世界第三大橡胶生产商泰国泰华树胶公司，成为其控股股东。由此，广垦橡胶集团的年加工能力达到了 150 万吨，规划种植面积 150 万亩，成为全球最大的天然橡胶全产业链经营企业。

杨福云认为，收购泰华的意义重大。从国家宏观战略上来讲，此举可大幅提升我国天然橡胶的供应保障能力，增强我国在全球天然橡胶领域的定价权和话语权；还可打通东南亚农业资源陆路进口的战略通道，具有重大的经济、外交、国防战略意义，是深入推进落实“一带一路”建设和中央关于农垦改革 33 号文件精神的具体体现及重要举措。

从企业战略层面考虑，这项收购顺应了全球橡胶产业加速整合和资源加速集聚的大趋势，是积极进军国际市场的迫切需要。同时，借助泰华公司国际知名品牌和准上市企业的优势，通过有效整合，迅速占领国际高端市场，实现海外上市，大幅提升国际竞争力和品牌影响力。

资料来源：《经济日报》，中国经济网，2018 年 7 月 23 日，作者：常理。

自测题

一、判断题

1. 天然橡胶的主要消费地集中在亚太地区、美国和西欧。 ( )

2. 当经济大环境好，市场需要发展及需求充足，此时对天然橡胶的需求量就会增加，从而推动其价格上涨。 ( )

3. 我国天然橡胶生产基地主要分布在海南、云南、广东三省，广西和福建也有少量生产基地。 ( )

4. 泰国天然橡胶产区是分阶段逐步形成、相对成熟的市场。 ( )

5. 在泰国，天然橡胶种植有着“黄金农业”的美誉。 ( )

6. 一般情况下，海南割胶季是每年的 3 月 25 日至 12 月 25 日，云南割胶季是每年的 4 月至 11 月 25 日。 ( )

7. 马来西亚自 1991 年以 134 万吨的产量成为全球最大天然橡胶产胶国和出口国以来，其橡胶种植业一直稳步发展，并使马来西亚稳居全球天然橡胶霸主地位。 ( )

8. 天然橡胶树属热带雨林乔木，种植地域基本分布于南北纬 15℃以内，主要集中在东南亚地区，约占世界天然橡胶种植面积的 90%。 ( )

9. 我国市场上流通的天然橡胶主要是烟胶片和颗粒胶，其中烟胶片多为出口胶，颗粒胶基本上是国产胶，也称标准胶。 ( )

10. 泰国是世界第一大天然橡胶生产国，也是世界第一大天然橡胶消费国。 ( )

二、选择题（不定项）

1. 世界主要产胶国有（ ）。

A. 泰国　　B. 马来西亚

C. 印度尼西亚　　D. 中国

2. 天然橡胶的主要进口国家为（ ）。

A. 中国　　B. 德国

C. 美国　　D. 韩国

3. 在（　　），橡胶种植业被称为“黄金农业”。

A. 中国　　B. 泰国

C. 印度尼西亚　　D. 马来西亚

4. 影响天然橡胶产量的天气因素有（　　）。

A. 热带风暴　　B. 台风

C. 暴雨　　D. 泥石流

5. 以天然橡胶为支柱产业的国家有（　　）。

A. 越南　　B. 柬埔寨

C. 菲律宾　　D. 泰国

参考答案

一、判断题

1. √　2. √　3. √　4. √　5. √　6. √　7. ×　8. √　9. ×　10. ×

二、选择题（不定项）

1. ABCD　2. ABCD　3. B　4. ABCD　5. ABC

第三章

影响天然橡胶价格的因素

本章要点

本章主要介绍了天然橡胶主要的价格影响因素，着重介绍了天然橡胶的季节性、天气对天然橡胶生产的影响、主要生产国产业政策、主要消费国的行业发展对橡胶价格的影响以及宏观经济、货币政策、原油、合成橡胶对天然橡胶价格的影响。

一、天然橡胶价格影响因素有哪些?

影响天然橡胶的因素有很多，其中比较重要的有天然橡胶的供求因素、国际国内政治环境、橡胶工业的发展情况、合成橡胶的生产消费情况、自然环境因素、汇率因素、国际市场的交易因素等，均会对天然橡胶价格产生影响。

（一）天然橡胶的供求情况

供求情况是影响天然橡胶期货价格最根本的因素。当供大于求时，商品价格下跌；反之，商品价格就上升。目前，全球天然橡胶生产大国是泰国、印度尼西亚、马来西亚、越南等；而天然橡胶使用大国是中国、美国、日本、欧盟、印度等。我国是世界第一大天然橡胶进口国，而且是世界天然橡胶定价中心，对国际胶价的影响巨大。

（二）主要用胶行业的发展情况

天然橡胶消费量最大的是轮胎制造业（约占天然橡胶消费总量的75%以上），而轮胎制造业的进步主要靠汽车工业的发展带动。因此，汽车工业以及相关轮胎行业的发展情况将会影响天然橡胶的价格。尤其是汽车工业，它的发展情况直接关系到轮胎的产量，从而影响全球天然橡胶的需求和价格。在欧美、日本、中国等国汽车工业进入相对稳定发展之后，天然橡胶的需求也相对平稳。因此，国内天然橡胶价格受汽车工业和轮胎行业发展影响的程度将加强。

（三）合成橡胶的生产及应用情况

随着工艺的不断改进，橡胶制品原材料的选用也有所变化，许多产品已经做到利用合成橡胶替代天然橡胶。伴随着合成橡胶工业的不断发展，其价格也越来越具有竞争性。当天然橡胶供给紧张或价格上涨时，许多生产厂商会在配方允许范围内选择使用合成橡胶，两者具有一定的互补性。

同时，由于合成橡胶属于石化类产品，其价格会受其上游产品——石油的影响。由于石油价格一直是不断波动的，因此，石油价格的波动也会通过影响合成橡胶的价格而作用于天然橡胶的价格。

（四）自然因素

天然橡胶树的生长对地理、气候条件有一定的要求，适宜割胶的胶树一般要有5~7年的树龄，因此，可用于割胶的天然橡胶树的数量短时期内无法改变。而影响天然橡胶产量的主要因素有：

1. 季节因素。进入开割季节，胶价下跌；进入停割季节，胶价上涨。

2. 气候因素。台风或热带风暴、持续的雨天、干旱、霜冻等都会降低天然橡胶产量而使胶价上涨。

3. 虫害因素。如白粉病、红根病、炭疽病等，这些都会影响天然橡胶树的生长，甚至导致死亡，对天然橡胶的产量及价格影响也很大。

（五）汇率变动因素

近几年由于全球经济的不稳定性，汇率变动频繁，对天然橡胶价格，尤其进出口业务有一定的影响。因此，在关注国际市场天然橡胶行情的时候，一定要关注各国尤其是三大产胶国以及美元兑人民币、美元兑泰铢、美元兑马来西亚林吉特等汇率变动情况。

（六）政治因素

政治因素除了包括各国政府对天然橡胶进出口的政策影响外，更重要的是指国际范围内的突发事件以及已经发生和将要发生的重大事件，例如灾难性事件的发生以及可能发生的战争因素等。政治因素往往会在相关消息传出的短时间内马上导致天然橡胶价格的剧烈波动，并且长期影响其价格走势。

（七）国际市场交易情况的影响

天然橡胶在国际期货市场已经成为一个成熟品种，在东南亚各国的期货交易所占有一定的市场份额。因此，天然橡胶期货交易的主要场所，如中国的 SHFE - INE、日本的 JPX、新加坡的 SGX - SICOM 以及泰国期货交易所（TFEX）等期货交易所的交易价格互相之间也有不同程度的影响。

国内天然橡胶期货投资者在从事上海期货交易所期货交易时，既要关注国外主要天然橡胶期货市场的交易情况，同时，还要关心国内海南、云南、青岛等现货市场的报价情况。

二、国际国内天然橡胶的生产现状和形势对天然橡胶价格有何影响?

天然橡胶胶乳，一般是在树龄 6 ~8 年以上的天然橡胶树皮上倾斜切口不足 2 毫米，大致为 1.6 ~1.8 毫米，通过流出采得的。这种生产行为一般称为“采胶”，也称“割胶”。天然橡胶树一般可以割胶 25 ~30 年。

天然橡胶树整年都可采割，但一年当中最好要有 3 个月的休割时间，其产量随季节性而变动。天然橡胶树生长需要高温多雨的物候环境，在年平均气温 26℃ ~32℃和年平均降雨量在 2000 毫米以上的热带地区栽培种植，因此，其产地往往分布于南北纬 10 度以内，而大多集中在东南亚地区。

由于天然橡胶是多年生长的树木，生长周期一般较长，最少需要 7 ~8 年，因此，不能在短期内调整供应。而在发生自然灾害时，天然橡胶的生长及供给总量势必出现问题，并直接反映在天然橡胶的交易及市场价格上。自然物候包括气温、降雨量、风寒等，自然灾害包括冰雹、病虫害、旱涝等，均会直接影响天然橡胶的生产和消费情况，并会进一步影响天然橡胶市场的交易价格。

（一）国外天然橡胶生产形势是如何影响天然橡胶价格的?

全球天然橡胶生产地主要集中在亚洲发展中国家，特别是主要集中在东南亚地区，其产量占全世界总产量的 90% 以上。其中，产量排名前列的分别是泰国、印度尼西亚、马来西亚、印度、中国、越南、缅甸等地。东南亚地区的泰国、印度尼西亚、越南和马来西亚为天然橡胶的主要生产国，2019 年，这 4 个国家天然橡胶产量分别为 485.2 万吨、330.1 万吨、118.5 万吨、63.9 万吨，占全球天然橡胶总产量的 71%，且生产的天然橡胶的大部分用于出口。其次集中在非洲和美洲部分地区。非洲天然橡胶生产国主要集中在科特迪瓦、尼日利亚、利比里亚、喀麦隆等地；美洲天然橡胶生产国主要集中在巴西、危地马拉、墨西哥等地；另外，中美洲及加勒比海地区也有少量天然橡胶产出。

2009～2019 年，天然橡胶种植面积已超过 300 万公顷，达到历史新高。但在 2017～2019 年，天然橡胶种植总量却出现大幅下降，归根结底在于价格低廉。同时，2017～2019 年，全球天然橡胶生产强度过低，部分原因是农业管理不善，未开发区域占比增加，以及人们由农耕转向其他经济活动。

目前全球天然橡胶生产呈现逐年增长态势，其中亚洲产量增长态势较为明显，非洲和美洲变化较小。亚洲范围内，泰国变化不大，马来西亚所占份额有所降低，而越南、缅甸、柬埔寨、老挝等国产量增长势头较为迅猛，成为全球产量增长的主要贡献力量。1960 年主要地区天然橡胶产量份额见图 3－1；2019 年主要地区天然橡胶产量份额见图 3－2。

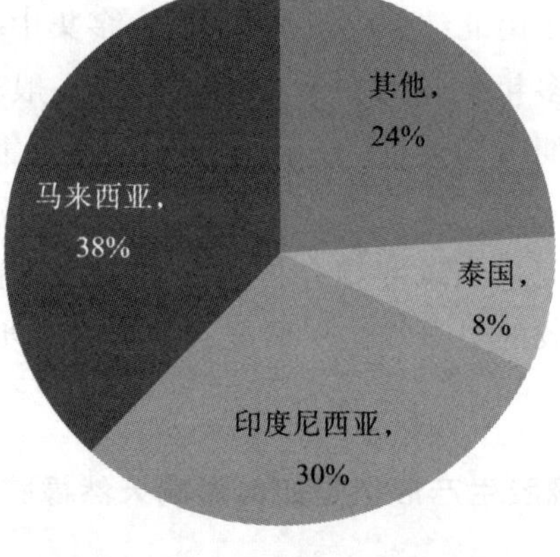

图 3－1　1960 年主要地区天然橡胶产量份额

数据来源：国际橡胶研究小组。

总体来看，传统天然橡胶生产大国，如泰国和马来西亚等，随着其国内产业结构的调整，天然橡胶产量增长潜力相对有限，而各国生产技术及管理水平等方面的提高，以及越南和缅甸等国对天然橡胶种植业的大力发展，是今后全球天然橡胶产量增长的主要动力，但由于天然橡胶产业资源约束型的

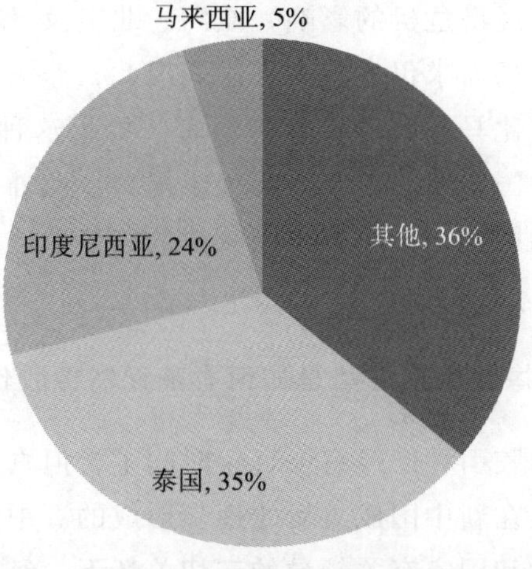

图 3－2　2019 年主要地区天然橡胶产量份额

数据来源：国际橡胶研究小组。

特点，整体增长潜力和幅度均会受到制约。

非洲天然橡胶种植起步较晚，20 世纪 40 年代才开始大规模种植。50 年代种植面积占世界的 6%，60 年代种植面积超过 30 万公顷，90 年代超过 50 万公顷。但 2000 年后，受战争和不稳定政局的影响，橡胶种植业发展减缓，2011 年种植面积约 71 万公顷，占世界种植面积约为 8%，产量约 55 万吨。

科特迪瓦是非洲天然橡胶生产国之首。科特迪瓦大规模商业化种植始于 20 世纪 60 年代，发展于 70 年代，此后发展迅速。自 20 世纪 90 年代以来，科特迪瓦天然橡胶产量一直呈上升趋势，从 90 年代初的 7 万吨上升至目前的 23 万吨，增长了 228.57%，占非洲总产量的 40% 左右。尼日利亚居非洲第二位，2011 年产量为 14 万吨，约占非洲总产量的 26%。利比里亚排行第三位，其种植面积一直都不稳定。利比里亚种植面积一开始很大，但在 20 世纪 90 年代初期急剧减少，90 年代后期又逐渐恢复，然而自 2008 年金融危机后，种植面积又开始大量缩小；2011 年天然橡胶产量为 6.3 万吨，占非洲总产量的 11%。喀麦隆天然橡胶大规模商业种植始于 20 世纪 60 年代，70 年代有一次大规模种植，约 2 万公顷；90 年代初开始稳定发展，约 4 万公顷，但 1999 年则下降到 5.5 万吨，此后发展迟缓；2001 年以后一直保持在 6 万吨左右，2011 年产量为 5.5 万吨，占非洲总产量的 10%。

由于前几年全球经济危机的影响，欧洲、北美及日本削减了橡胶成品产出及需求，但中国市场需求仍然较为稳固。因此，非洲天然橡胶开始逐渐进入中国市场，其价格比马来西亚及泰国便宜。如果这种情况一直存在下去，非洲的天然橡胶在中国市场的占有率会逐步提高。此外，亚洲天然橡胶由于近年来受自然因素的影响，供应有不断减少的趋势，这更给非洲天然橡胶产业的发展带来契机。

（二）国内天然橡胶生产形势是如何影响天然橡胶价格的?

中国进行天然橡胶引种已经有一百年时间了，但真正作为一个产业，我国天然橡胶产业却是在新中国成立后才逐步形成的。中国天然橡胶产业虽然起步较晚，但是在党和国家有关领导的亲切关怀下，经过几代科技工作者以及农垦职工的艰苦努力，最终建成了海南、云南、广东三大植胶基地。目前，我国天然橡胶产业在世界上已经发挥着举足轻重的作用，总植胶面积1670万亩以上，年产干胶80万吨左右，已成为世界第五大天然橡胶生产国。

我国种植天然橡胶地区地处热带北缘，与国外传统种植区的自然环境相比，年平均气温略低，有效积温较低，降雨量偏少，并且存在“风寒害”等自然灾害问题。由于我国种植区还存在“冬冷春”等不利于天然橡胶树生长和割胶生产的限制性气候，因此，我国一年适宜的割胶生产期为8~9个月，比国外要少3~4个月。

经过多年来的发展，我国天然橡胶产业取得了一定的成绩，但是由于受到主客观等多方面条件的制约，目前在加工和种植环节主要存在以下问题：产品结构单一，产品质量不能满足客户要求；生产规模小，劳动生产率低；割胶工年龄老化，年轻人不愿从事割胶；科技投入不足，技术力量稍显薄弱；天然橡胶种植企业社会负担重等。

中国适宜种植天然橡胶的地区有限，尽管在技术及管理上逐步加大了科研和投入力度，但年产天然橡胶的增长幅度和潜力均受到制约，每年均需要大量进口天然橡胶以满足国内的需求，供需之间的矛盾较为突出。据海关总署统计，2019年我国进口各类橡胶总量达657.6万吨，占国内总供应的90%左右。

我国轮胎生产企业对进口胶有长期需求，通常按年制订生产计划，每月需求都较为平稳。我国各种类型的乳胶、标胶、混合胶等月度进口量基本维持在50万吨以上，只有农历新年原因每年年初进口量有所下降。目前，我国进口胶的现货贸易流向主要从泰国、越南、马来西亚、印度尼西亚等东南亚国家流向我国沿海地区，一部分制成轮胎再出口，另一部分由沿海向内陆分散。青岛、上海、杭州、宁波、天津、南京等为我国进口橡胶的主要口岸。

我国天然橡胶消费的进口依存度很高，因此天然橡胶进口关税的变化对进口量有很大影响，人民币混合胶目前执行的是零关税，所以人民币混合胶的政策调整会直接影响国内天然橡胶价格的定价模型。目前执行的进口税率见表3－1。

表3－1　中国天然橡胶进口关税

序号	税则号列	商品名称	2020年最惠国税率	2020年暂定税率
1	40011000	天然乳胶	20%	10%或900元/吨，两者从低
2	40012100	天然橡胶烟胶片	20%	20%或1500元/吨，两者从低
3	40012200	技术分类天然橡胶（吨SNR）的天然橡胶	20%	20%或1500元/吨，两者从低

三、天然橡胶生产季节性对天然橡胶价格有何影响？

天然橡胶生产带有明显的季节性特点，且由于所处的地理位置及所属气候特征的差异，各国的天然橡胶生产周期也不尽相同。

从全球前几个主要的生产天然橡胶的国家来比较，泰国南部主产区和马来西亚比较相似，每年一般从4月底5月初自北向南开始割胶，7～8月进入旺产期，12月至次年1月产量为全年最高峰，2月底到4月底、5月初进入减产期。

印度尼西亚因为横跨赤道南北，总体上全年每个月都可以割胶，但是相对而言南苏门答腊岛主产区产量比较大，6、7、8月为高产期，9月开始进入减产期。越南和中国的海南、云南相似（见表3－2）。

表3－2　　全球主要天然橡胶生产国产量季节性变化

<table>
<tr><th>国家</th><th>1月</th><th>2月</th><th>3月</th><th>4月</th><th>5月</th><th>6月</th><th>7月</th><th>8月</th><th>9月</th><th>10月</th><th>11月</th><th>12月</th></tr>
<tr><td>泰国</td><td></td><td colspan="4">减产期</td><td colspan="4">过渡期</td><td colspan="3">增产期</td></tr>
<tr><td>印度尼西亚</td><td colspan="4">过渡期</td><td colspan="4">增产期</td><td colspan="3">（落叶）减产期</td><td></td></tr>
<tr><td>马来西亚</td><td></td><td colspan="4">减产期</td><td colspan="4">过渡期</td><td colspan="3">增产期</td></tr>
<tr><td>越南</td><td colspan="4">减产期</td><td></td><td colspan="5">增产期</td><td></td><td>减产期</td></tr>
<tr><td>中国</td><td colspan="4">减产期</td><td></td><td colspan="5">增产期</td><td></td><td>减产期</td></tr>
</table>

从表3－2中可以清晰地看到，天然橡胶的生产具有明显的季节性特征，而消费需求也呈现出明显的季节性变动，当两者之间的供需矛盾积累到一定程度时，会引发天然橡胶价格的剧烈变动，具体表现在当需求出现明显增加而供给出现明显减少时，天然橡胶价格会出现明显上涨；而当需求出现明显减少而供给出现显著增加时，天然橡胶价格将会出现大幅下跌；当供给和需求变化不大或者供需矛盾不突出时，价格会表现出明显的震荡特征。

四、天气状况对天然橡胶产量有何影响?

目前国内期货品种中，在短期内受天气因素影响最大的就是上海期货交易所的天然橡胶期货品种，由于橡胶生产属性属于农产品，而消费又属于工业品，橡胶生产基本上固定在亚热带区域内，生产地域集中，因此在其生产过程中极易受天气因素影响。尤其是主产区海南，是目前国内最大的橡胶生产基地，从地理位置上，其位于我国最南部及东部沿海，这一带是热带气旋最为活跃的地区，热带气旋光临海南之后，往往会给橡胶生产带来破坏作用。下面就以海南为例，讲述天气状况对橡胶的影响。

海南气象部门提供的数据统计显示：自中华人民共和国成立以来，1949～2001年我国沿海各植胶区，海南主产区台风登陆次数103次，年平均登陆1.94次，其中12级以上的强台风登陆44次，年平均登陆次数达到0.83次。台风每年在5～11月都有登陆海南的迹象，其中7、8、9月台风登陆次数最多，这3个月属于台风多发期，2003年海南的三场台风就是从7月中旬开始到8月下旬结束的。对比上述统计数据，对海南而言，毫无疑问2003年属于台风多发年份。上一个台风多发年份是2001年，这年最大的台风就是"悟空"台风，登陆时间是2001年8月27日，登陆地点是海南昌江，登陆之后，几乎席卷了大半个海南岛，受灾地区达到整个海南岛的2/3，也正是在这一年11月，橡胶行情达到历史低点，在供需逐渐转换的作用下，开始步入牛市。

统计几次有代表性的台风登陆海南之后，我们发现台风对天然橡胶在短期内的供应会产生或大或小的影响。11级以上的风力基本上可以将胶树折断，造成绝产，所以这将给天然橡胶造成较大影响。

1995年6号热带气旋IRVING于8月中旬登陆海南，同年9521号台风于11月6日在海南三亚登陆，致使海南岛南部部分农场绝产，其中受损最为严重的是南滨、乐东、昌江、东方等主要农场。从此间橡胶期货行情的表现来看，8月份橡胶期货行情从6800元/吨附近涨至7200元/吨，上涨幅度达到400元/吨，而11月份则由9150元/吨附近升至9500元/吨，上涨幅度达到350元/吨，相对上涨幅度分别为5.88%、3.83%。很显然，尽管1995年橡胶行情处于牛市中，但这两场台风还是给橡胶行情的上涨起到了推动的作用，利多效应还是非常明显的。

1998年第8号热带风暴于9月11日登陆海南，台风经过澄迈、临高、儋州等地的农场，其中儋州地区为海南主产区，包括海南最大的八一农场，受台风影响非常严重。台风造成部分已经开割的新胶树折断，不能产胶，直接导致短期内的供应紧张，加之前期供应一直比较紧张，从而使台风对橡胶行情的上涨起到了强烈的推动作用，期货价格一路由8000元/吨上涨至8600元/吨，上涨了600元/吨，上涨幅度达到7.5%。可以说，这是橡胶行情受台风影响最为严重的一次。

台风作为热带地区经常出现的一种气候状况，对橡胶行情的影响从本质意义上讲，就是在一定时间内或长或短对供应产生影响，从而造成供应紧张，在需求保持平稳甚至递增的状况下，橡胶行情的上涨作为对台风的反应也是正常表现。

五、主要消费天然橡胶国家及行业的发展状况对天然橡胶价格有何影响?

20世纪初，东南亚地区植胶基地建立之后，世界天然橡胶消费便呈现迅速增长的势头。直到20世纪50年代末60年代初，随着合成橡胶的数量增长和成本控制、原油衍生品等因素的影响，天然橡胶消费比例从1960年的47%下降至1979年的29.6%。此轮下降趋势，直到70年代末80年代初才告结束，并在90年代初反弹至40%以上。原因主要有以下几个方面：

（一）消费各类橡胶的国际格局发生了变化

中国、欧洲、东亚（包括日本和韩国）、印度和美国是前五大消费国（地区）。2000年，欧洲和英国是全球橡胶的主要消费经济体，其次是美国、中国、日本和印度。到了2019年，无论是天然橡胶还是合成橡胶，中国的消费量都出现了大幅增长，中国已成为全球天然橡胶的最主要消费国。

天然橡胶生产国如印度、马来西亚等国家，增加了本国对天然橡胶的消费。因为这些国家是天然橡胶生产国，而且本国合成橡胶生产能力也比较有限，再加上这些国家和地区在其他橡胶制品加工业方面也有较大的消费需求，因此天然橡胶消费的重心自然发生了逐步转移。尽管美国、日本、德国等传统天然橡胶消费大国前些年经济滑坡或经济不景气，在一定程度上导致天然橡胶消费处于停滞不前状态，但是一些原来所占份额较少的国家如印度、韩国、泰国等，近年来有了长足进步，逐步迈入了天然橡胶消费大国行列，在总体上最终增加了天然橡胶消费。这些国家借助本国经济快速发展以及工业化进程的加快，加深了对天然橡胶的消费程度。

（二）卡车载重轮胎的快速发展及原油价格的冲击影响

这主要体现在为改变轮胎在滚动中抵抗摩擦阻力以提高燃油经济效益的橡胶的大量使用。这个因素导致对天然橡胶消费的增加；另外，近年来原油价格的大幅上涨增加了合成橡胶的生产成本，并导致作为替代品的天然橡胶的使用增加。

近年来，随着中国经济、汽车工业以及其他相关橡胶工业的快速增长，天然橡胶的消费量也是水涨船高。由于中国具有相对较低的劳动力成本，世界许多著名的橡胶工业企业急欲抢滩中国市场；另外，目前中国作为“世界加工制造中心”的地位也在不断强化中，所有这些因素均加快了中国天然橡胶消费的发展步伐。

一般情况下，石油、铁矿石、天然橡胶等原材料消费会伴随着经济发展而相应增加。对某些使用天然橡胶比例较大的行业来说，该行业的发展水平将直接反映在对天然橡胶的消费上。

天然橡胶消费范围一般可以确定在两大领域，即轮胎消费领域和一般橡胶制品消费领域。而这两个橡胶工业领域发展状况的高低将直接影响到天然橡胶消费。例如，近年来我国汽车、航空、制鞋等产业发展都需要消费大量的天然橡胶。

全球约72%的天然橡胶用于轮胎生产，其余则是常规橡胶制品。轮胎工业发展至今已有160多年历史，目前已步入低速稳定增长期。根据IRSG的数据，2001~2019年全球轮胎产量总体保持稳定增长态势，年均复合增长率约为2.9%。全球轮胎行业竞争激烈，部分新兴市场轮胎企业凭借不断提升的竞争力抢占市场份额，使全球轮胎行业巨头的市场份额呈下降趋势。未来新兴市场将继续保持快速增长，成为全球市场增长的主要动力。

汽车工业是使用轮胎的大户，因此汽车工业的发展和国家对汽车工业的政策也会影响到对轮胎的需求，并继而影响对天然橡胶的需求。轮胎工业和汽车工业等主要用胶行业的发展情况，是影响天然橡胶交易及市场的又一重要因素。

六、东南亚和中国的产业政策对天然橡胶价格有何影响?

全球各天然橡胶生产国根据自身国情对天然橡胶生产和产品销售采取了一系列的产业保护和支持政策，如投资、补贴、规定最低保证价格、减免相关产品进出口关税等，或者在贷款、税收等方面给予优惠政策。这些政策上的扶持均会对天然橡胶产业形成有力支持，产生重大影响。

目前，国际市场上天然橡胶供应国基本上属于泰国、马来西亚、印度尼西亚、越南等亚洲少数几个国家，而天然橡胶消费大国和地区，如美国、日本、欧洲等国家则不生产天然橡胶，所需天然橡胶完全依赖进口。

（一）东南亚的产业政策是如何影响天然橡胶价格的

东南亚地区集中了全球天然橡胶产量80%以上的国家，是全球天然橡胶的主要输出地，东南亚地区的天然橡胶生产状况对全球天然橡胶的供应起着举足轻重的作用。目前东南亚主要生产天然橡胶国家的天然橡胶种植业的生产社会化和专业化程度较高。这些国家，不但肥料、农药等生产资料供应实现了社会化，而且一些生产环节，如胶园建设、胶园管理、采胶（即割胶）等也有专业承包商服务，甚至整个生产过程也可委托有关公司经营管理。这在一定程度上体现了天然橡胶生产的社会化和专业化。

目前东南亚主要生产天然橡胶国家在天然橡胶生产技术方面有一定的特点和优势。如在印度尼西亚、马来西亚、泰国等地，天然橡胶种植业生产技术比较成熟，胶园更新比较规范，橡胶树新品种推广应用较快，但是橡胶园管理水平并不高。而印度在天然橡胶树抗旱栽培方面，如胶园覆盖技术、抗旱种植材料培育等方面技术比较成熟。整体来看，整个东南亚地区天然橡胶种植生产状况良好，管理较规范，市场信誉也较高。

东南亚地区主要生产天然橡胶国家在天然橡胶生产上存在的问题主要是生产技术和生产规模之间存在矛盾以及产业劳动力密集程度的要求和劳动力

资源短缺现实之间的矛盾。

生产技术和生产规模之间存在的矛盾主要体现在东南亚不少生产天然橡胶国家的天然橡胶生产多是以小胶园（一般小于 4 公顷）为主，由于分散经营管理的现实，其在推进先进生产技术方面显得较为困难，而大胶园在推进先进生产技术方面则有着明显的成本和管理优势。

产业劳动力密集程度的要求和劳动力资源短缺现实之间的矛盾主要体现在东南亚一些天然橡胶生产国，由于这些国家经济的发展和其他行业的快速扩张，客观上吸引走了相当数量的天然橡胶种植业工人，新吸纳的工人存在工作时间不稳定和生产技术不熟练等问题，这些均在一定程度上制约了天然橡胶种植业的发展。

21 世纪，全球天然橡胶生产格局不会发生很大变化，东南亚仍是世界天然橡胶生产中心，但是各国的天然橡胶生产由于各自条件及因素方面的差异而存在着明显的不同。天然橡胶产业是典型的资源约束型产业，其中涉及自然资源和劳动力资源以及智力资源等。

（二）中国的产业政策如何影响天然橡胶价格

目前中国天然橡胶产业在品种、质量和价格上面临着与进口天然橡胶的激烈竞争，国内正通过几方面的调整和创新来不断增强自身的竞争力。

1. 天然橡胶加工规模大型化

云南、海南和广东植胶区已建成许多大型天然橡胶加工厂，力求大大改善天然橡胶的性能和质量。根据当地资源量，打破农场、农垦与民营的界限，用经济手段使天然橡胶原料向大型加工厂集中，形成一定规模效益，提升国产天然橡胶的竞争力。

2. 促进投资多元化

实施改制重组，引进外商和外地资金，使植胶区在资金上得到充足供给，形成灵活的竞争机制，激发整个行业活力，做强橡胶行业。

从消费与生产对比来看，目前中国天然橡胶产量只占世界总产量的 7% 左右，不能满足消费量，所以需要大量进口天然橡胶来弥补缺口。一国的进出口政策以及税率水平变化，特别是关税变化，会对该国的天然橡胶价格产生间接或直接的影响。目前中国进口天然橡胶实行选择税。同时，各天然橡胶生产国在结合自身条件的同时，提出了不同的产业发展战略。如马来西亚近年来进行了产业结构调整，通过适当减少植胶面积降低天然橡胶总产量，采用发展天然橡胶深加工等方式，来实现从“以种植为主”向“以深加工为主”的产业转变，从天然橡胶出口国转变为进口国，从单一利用转变为综合挖潜利用的天然橡胶产业发展模式。而越南、柬埔寨和非洲的科特迪瓦、喀麦隆等国将天然橡胶产业作为支柱产业来发展。在这些国家，由于其他产业欠发达，自然资源丰富和劳动力低廉，天然橡胶种植业有着良好的发展前景，因此，这些国家会扶持天然橡胶产业发展，其天然橡胶种植面积将会进一步扩大，总产量将继续增加。印度、巴西等国家有着较为丰富的自然资源和劳动力资源，对天然橡胶的需求也很大，因此，在这些国家，天然橡胶种植业仍会呈现出适度发展的趋势，以保障一定数量及比例的自给量和自给水平。

总体来看，天然橡胶产业由于其资源约束型的特点而较难出现产量爆发性增长，今后全球天然橡胶总产量仍会继续保持适度增长势头，但增长幅度不会太大。

七、原油及合成橡胶价格对天然橡胶价格有何影响？

（一）原油价格变化如何影响天然橡胶价格

原油是天然橡胶替代品——合成橡胶的上游产品，一般情况下，3 千克原油可以产出 1 千克合成橡胶。因此，原油市场状况及原油价格水平会影响合成橡胶的价格水平及交易，合成橡胶价格水平变化则会进一步转化影响到对天然橡胶的需求及交易上。

世界原油价格及其波动对全球经济会造成很大影响。一般认为，在全球经济一次性能源消费中，有 40% 的能源来自石油，因此原油油价升高会直接加大经济运行成本，会导致经济增长率降低，通货膨胀率上升。国际原油价格上涨对经济的影响一般表现为直接影响和间接影响两方面。直接影响具体表现为外汇支出增加，净出口减少，物价上涨以及 GDP 增长率降低。间接影响具体表现为产品出口减少的各种潜在危险：一是以石油为主要燃料、原料的产品，因生产成本上升导致产品竞争力下降，从而会出现出口下降；二是出口对象国因油价上涨使国际收支出现困难，进而降低其进口能力，导致国内产品出口减少。

通常情况下，原油市场供求紧张，价格较高，则合成橡胶生产成本和销售价格就会较高。这种情况有利于天然橡胶的消费和交易，也有利于天然橡胶生产企业；反之，则不利于天然橡胶的消费和交易，不利于天然橡胶生产企业。可以看出，原油市场情况变化会影响天然橡胶市场及价格。

（二）合成橡胶对天然橡胶价格的影响

天然橡胶的替代品主要是合成橡胶。与天然橡胶作为典型的多年生作物生长在少数热带以及亚热带区域相比，合成橡胶生产则遍布于全世界各地的国际性大公司中。

合成橡胶的生产量直接影响了天然橡胶的生产量，在世界经济发展不断增加对整个橡胶消费的前提条件下，从总体和长期来看，天然橡胶生产和合成橡胶生产均呈现增长势头，但从局部和短期来看，天然橡胶生产增加则合成橡胶生产减少，合成橡胶生产增加则天然橡胶生产减少，二者之间相互制约，相互影响。世界天然橡胶生产量与合成橡胶生产量之间存在一定的相关关系。与天然橡胶不同的是，合成橡胶的产出扩张比天然橡胶产出扩张相对容易，而天然橡胶生产受自然环境、自然资源等因素制约，产出扩张能力则显得相对有限，因此某些时候合成橡胶会最大限度地替代天然橡胶。

在某些特定情况下，合成橡胶可以作为天然橡胶替代品，能够替代天然橡胶进行生产活动。合成橡胶消费多少将直接影响到天然橡胶消费水平。这种情况在西方国家较为普遍，由于其地理环境无法适应天然橡胶生长，因此，在其合成橡胶工业比较发达的情况下就会优先考虑使用相当数量的合成橡胶来替代天然橡胶。据了解，耗胶量最大的是轮胎制造业，美国合成橡胶使用比例为55%左右，法国为51%左右，而中国仅在40%左右。因此，合成橡胶在橡胶制品中的应用还有较大的发展空间，特别是轿车胎，西方国家合成胶的使用比例远高于中国。

通常情况下，当天然橡胶供给紧张或价格趋涨时，合成橡胶销售和消费就会增加；合成橡胶供给紧张或价格趋涨时，天然橡胶销售、交易及消费就会增加。合成橡胶与天然橡胶二者的市场地位存在一定的互补性。但需要强调的是，天然橡胶在质量和性能等方面有许多合成橡胶不可比拟的特性和特质，如一些高品质的轮胎和橡胶制品等，必须使用天然橡胶。因此合成橡胶可以适当替代，但不可能完全取代天然橡胶的消费地位。

综上所述，合成橡胶的生产及消费对天然橡胶的生产及消费均会产生一定的影响，并最终把该影响传导到天然橡胶的价格体系当中。

八、全球宏观政策、经济发展变化对天然橡胶价格有何影响?

天然橡胶作为一种重要的工业原料，其价格波动与国际、国内经济大环境可以说休戚相关。当经济大环境向好、市场需要发展及需求充足时，天然橡胶的需求量就会增加，从而推动其价格上涨；相反，当经济大环境向恶、市场悲观情绪严重、需求不足时，天然橡胶的需求量就会减少，从而促使其下跌，1997 年亚洲金融危机爆发导致胶价一落千丈就是一个明证。因此，国际、国内经济大环境的好坏将影响天然橡胶价格的长期走势。以下简要分析国际橡胶联盟及中国 - 东盟自由贸易区成立对天然橡胶生产、消费及交易可能带来的影响。

国际橡胶联盟的成立，对天然橡胶产业及价格产生一定的影响。在亚洲金融危机爆发之后，为维护“产胶国”经济利益，2001 年泰国、印度尼西亚及马来西亚决定共同组建国际橡胶联盟。2002 年 4 月，三国达成共同减少 10% 出口额及 4% 生产额的联手限产保价协议。2002 年 8 月，国际橡胶三国联盟正式成立。2003 年 2 月，泰国以环境问题突然宣布退出橡胶限产协议。随后，在国际胶价大幅上涨的情况下，其他国家也纷纷放弃限产协议，并扩增产量和出口规模。在这种情况下，2003 年泰国、印度尼西亚、马来西亚又注册了三国橡胶公司（IRCo），决定重新联手干预“国际橡胶市场”。国际橡胶三国联盟的目的是三国联手控制并垄断天然橡胶原料供应，调控国际产区橡胶市场现货胶价走势，维护原材料市场价格稳定，从而更好地保护本国的经济利益。该联盟的建立和运行，对天然橡胶市场格局具有重要影响，其出台的相关政策以及措施也将对天然橡胶生产、消费及交易产生一定影响，尽管其影响可能并不具备长期性，却是各国在对待天然橡胶市场时不能忽视的一个重要因素，其既是影响因素，也是风险因素。

中国－东盟自由贸易区的建立，对天然橡胶产业也具有一定影响。2010 年，中国－东盟自由贸易区成立，预示着中国与东南亚各国经贸合作由此将进入一个快速、全面、突破性发展的新阶段，也为中国与东南亚地区提供了大量商机。由于东南亚地区是传统的天然橡胶种植区，中国－东盟自由贸易区的建立对各自的天然橡胶产业甚至对世界天然橡胶产业都带来深远的影响。

天然橡胶是一个国家重要的军用物资，它对重大政治事件的发生有较敏锐甚至强烈的反应，在发生战争时，一国必须最大限度地确保天然橡胶的应有数量，以便充足和较快地满足军事用途。战争因素不仅影响国内天然橡胶交易及市场价格，也不同程度地影响整个世界范围内的天然橡胶交易及市场价格。一国乃至国际的政治局势是影响天然橡胶交易及市场的重要因素。

一国经济发展水平与该国天然橡胶消费量之间存在着显著的相关关系，根据测算，以近十年中国国内生产总值（GDP）为样本，二者之间存在着简单的线性关系。一般来说，国内 GDP 总量每出现 1% 的增量，就可相应带动国内天然橡胶消费出现约 0.9% 的增量。可以看出，经济水平与天然橡胶的消费水平存在着较为显著的相关性，随着全球经济的稳步发展以及各主要天然橡胶消费国的经济总量增长，全球天然橡胶的总体消费水平会呈现出逐步提升的格局。

九、货币因素对天然橡胶价格有何影响？

中央银行运用货币政策进行调控一直以来都是一个国家重要的宏观调控手段。货币供应量作为货币政策工具会对宏观调控起到关键作用。1994 年 9 月，作为我国中央银行的中国人民银行，正式把货币供应量作为货币政策的监控目标。按照我国对货币供应量的一般定义，货币应包括本币的相关项目。其中，M0 = 流通中现金；M1 = M0 + 活期存款；M2 = M1 + 准货币（定期存款 + 储蓄存款 + 其他存款）。

在不同层次的货币供应中，M0 的数量由银行以外的经济因素和政策因素决定，因此 M0 并不是一个货币当局本身所能调节和控制的金融变量。在货币供应量中，各项存款占 80% 以上，并有上升趋势。随着我国金融制度的不断完善和金融工具的不断创新，M1、M2 对经济增长、价格水平影响越来越大，当然要作为中央银行货币政策的重点监控目标。M2 从整体上反映了我国经济发展所需要的货币总规模，同时对国内生产与消费有着重要影响。

一国的经济发展水平和其 M2 投放量存在着显著的正相关关系。由于一国经济发展水平与天然橡胶消费之间也存在着显著的正相关关系，不难看出，一国货币政策的变动将会对该国天然橡胶消费产生显著影响，基本呈现出明显的正相关关系。

汇率是外汇市场上一国货币与他国货币相互交换的比率。一国的汇率会因该国的国际收支状况、通货膨胀率、利率及经济增长率等的变化而波动；反过来，汇率波动又会影响一国的商品进出口、国际资本流动等，并影响一国的经济发展。特别是在当代国际分工非常发达、经济全球化、各国经济之间联系密切的情况下，汇率变化及波动对一国的国内经济、对外经济以及国际的经济联系都将产生重大影响。上述这种影响最迅速以及最直接的作用对象就是商品价格水平，尤其是与进出口相关的商品价格，它们是重要的影响传导中介。一般来讲，汇率的变动对商品价格的影响可以简单归纳如下：

有关汇率波动对进出口商品价格的影响，主要涉及汇率波动的价格转移机制问题（Exchange Rate Pass – Through，EPT）。EPT 基本思想是假定企业只关心以本币表示的收益，这样，汇率的波动就带来了是由出口国还是由进口国来承担价格相应调整的问题。EPT 所研究的主要对象为汇率变动所引起的进出口价格变动。传统的汇率传递理论是以一价定律为基础的，一般假定本国是一个小国，世界市场是完全竞争的，本国只是一个价格接受者。在没有运输成本、关税和其他贸易障碍的情况下，国际套利使商品价格满足下列要求：同一种商品价格用同一种货币来表示，在不同的国家和地区，价格要相等。从进口价格看，国内货币贬值（升值）将同比例地提高（降低）进口商品的价格（用国内货币表示）；同样，从出口价格看，国内货币贬值（升值）将同比例地降低（提高）出口商品的价格（用国外货币表示）。如果一价定律成立，汇率变动则会引起进出口价格同比例变动，在这种情况下，汇率传递是完全的，汇率传递系数等于 1。

天然橡胶作为全世界大宗的商品原料，对汇率的变化也会有适当的反应，特别是价格。由于世界各国经济状况以及自然环境等因素并不相同，因此汇率因素反映在价格上的变化也不尽相同。譬如，日本并不种植天然橡胶，其所消费的天然橡胶全部依赖进口，所以日元汇率的变化对于该国天然橡胶价格的影响相对就会比较明显。

十、日本及新加坡天然橡胶期货市场对国内天然橡胶价格有何影响?

目前全球主要交易天然橡胶期货的交易所有新加坡交易所、东京交易所、上海期货交易所和上海国际能源交易中心，这四家交易所占据了全球天然橡胶期货交易的绝大部分份额。

新加坡地处东南亚天然橡胶主产区，发展至今日，凭借着优越的地理位置以及健全稳定的金融市场，新加坡交易所已经成为世界上从事天然橡胶期货交易最重要的场所之一，而且目前新加坡的天然橡胶国际贸易已经把新加坡交易所的天然橡胶期货结算价作为其定价准绳，每年承担了超过世界一半交易数量的国际贸易吞吐量。

东京交易所的天然橡胶期货交易在世界橡胶市场中占有重要的份额。很多东南亚的生产商以及贸易商在东京交易所进行套期保值交易，但近年来随着上海期货交易所天然橡胶定价权的进一步增强，其价格标杆作用有所降低。

近年来，随着中国经济持续发展以及天然橡胶消费量的持续上升，上海期货交易所的天然橡胶期货和上海国际能源交易中心的20号胶期货的定价能力已经超过新加坡交易所和日本交易所，逐渐发展成为天然橡胶的国际定价中心。

整体而言，以上几家交易所的期货价格相互依存，互相影响，共同形成了全球天然橡胶价格的定价机制。

本章主要对影响天然橡胶价格的主要因素进行了解释和剖析，针对主要生产天然橡胶国家的自然物候条件、国内国外的天然橡胶生产供给状况、国内国外天然橡胶消费状况、国际天然橡胶市场的交易情况、主要生产天然橡胶国家的政治经济及产业政策、主要生产天然橡胶国家天然橡胶行业发展情况、天然橡胶的替代品——合成橡胶以及其上游产品原油市场的变化情况等因素进行了详细的阐述和分析，这对有志于从事或参与期货投资行业的个人以及机构投资者进行价格分析会起到一定的帮助作用。

天然橡胶品种兼具农产品和工业品的特性，其生产、消费、价格变化具有一般农产品才有的季节性变化特征，也由于其重要的战略资源地位以及工业品用途而具备明显的金融属性，共同形成了国际国内天然橡胶价格经常大幅波动的现实原因，也因此客观地增加了其价格走势分析的难度。但大道至简，殊途同归，任何事物在抓住其本质的或主要矛盾因素变化之后，其价格发展演变就会呈现出相对清晰的脉络。

天然橡胶品种自从在上海期货交易所挂牌进行交易以来，在历年的商品成交规模中都占据着重要的位置，已足以说明其作为重要资源商品的地位，而且我们有理由相信其在以后的商品交易中也会继续发挥重要作用。

自测题

一、判断题

1. 全球最大的天然橡胶生产国是中国。（　）
2. 天然橡胶产业是典型的资源约束型产业。（　）
3. 汽车产业是消费天然橡胶较大的行业。（　）
4. 天然橡胶的主要替代品是塑料。（　）
5. 中国原油的生产不会对天然橡胶消费产生任何影响。（　）
6. 中国国内天然橡胶产区全年都有橡胶产出。（　）
7. 中国天然橡胶消费还不能保证自给自足。（　）
8. 中国是全球第一大天然橡胶消费国和第五大天然橡胶生产国。（　）
9. 国外先进轮胎生产技术已经能全部使用合成橡胶替代天然橡胶。（　）
10. 2009 年轮胎“特保案”对国内天然橡胶产业不会有任何影响。（　）

二、选择题（不定项）

1. 影响天然橡胶价格走势的因素有（　　）。

A. 供需因素　　B. 原油因素
C. 新加坡商品交易所价格　　D. 物候因素

2. 全球主要的天然橡胶生产国有（　　）。

A. 马来西亚　　B. 中国
C. 英国　　D. 泰国

3. 全球主要的天然橡胶出口国有（　　）。

A. 中国　　B. 泰国
C. 印度尼西亚　　D. 马来西亚

4. 原油价格变动不能直接产生影响的商品有（　　）。

A. 沥青　　B. 合成橡胶

C. 饮用水　　D. 燃料油

5. 下列（　　）因素会对天然橡胶供给产生影响。

A. 温度　　B. 台风

C. 生产技术　　D. 库存水平

6. 中国－东盟自由贸易区于（　　）建立。

A. 2008 年　　B. 2009 年

C. 2010 年　　D. 2011 年

7. 能对天然橡胶消费产生影响的因素有（　　）。

A. 国内生产总值　　B. 汽车制造业

C. 轮胎生产技术的改进　　D. 原油价格变动

8. 中国国民生产总值增长不能影响到的是（　　）。

A. 橡胶消费量　　B. 全球天然橡胶产量

C. 汽车产量　　D. 天然橡胶进口量

9. 天然橡胶产业是典型的（　　）。

A. 资源稀缺型产业　　B. 资源约束型产业

C. 资源充裕型产业　　D. 资源竞争型产业

10. 天然橡胶的主要替代品是（　　）。

A. 合成橡胶　　B. 塑料

C. 乳胶　　D. 石油

参考答案

一、判断题

1. ×　2. √　3. √　4. ×　5. ×

6. ×　7. √　8. √　9. ×　10. ×

二、选择题（不定项）

1. ABD　2. ABD　3. BCD　4. C　5. ABC
6. C　7. ABCD　8. B　9. B　10. A

第四章

天然橡胶期货的技术分析

本章要点

本章主要介绍了期货交易技术分析的主要理论、方法和指标，以及如何利用这些方法和指标对期货行情进行研判。

技术分析是以预测未来的价格趋势为目的，主要通过使用走势图对市场行为进行的研究。“市场行为”这个词主要包括三种对技术分析人士有用的信息资源——价格、成交量和持仓量。

技术分析主要研究市场行为，而基本分析则专注于导致价格上涨、下跌或持平的供求关系及背后的经济因素。基本分析检验所有影响市场价格的相关因素，以确定市场的内在价值。内在价值就是根据供求规律基本面所表明的某物的实际价值。如果这个内在价值低于当前的市场价格，那么市价就过高，应该卖出；如果市价低于内在价值，那么市价就被低估了，应该买入。

这两种市场预测方法都试图解决同样的问题，即确定价格可能运动的方向。基本分析人士研究市场运动的成因，而技术分析人士研究其结果。技术分析人士相信结果是他想要或需要了解的全部，而理由或原因是多余的，但基本分析人士总是想知道为什么。

在天然橡胶期货交易中，技术分析和基本分析具有同样的重要性。一方面，投资者无法全面了解基本面，无法确定基本面中哪个要素是最直接的驱动因素，而技术分析可以通过和基本面相互验证来体现市场对基本面多空因素的选择取向；另一方面，技术分析可以作为辅助手段，使投资者选择更合适的入场时间及买卖价格。

一、技术分析的前提条件有哪些？

（一）技术分析手段基于三个前提

1. 市场行为包含一切信息（Market action discounts everything）。
2. 价格呈趋势运动（Prices move in trends）。
3. 历史会重演（History repeats itself）。

（二）市场行为包含一切信息

“市场行为包含一切信息”这句话形成了技术分析的基石。技术分析人士相信，能够影响价格的任何因素——政治、经济、大众心理或其他方面的因素都已经反映在市场的价格变化中。走势图本身不能导致市场的向上或向下运动，它们只是反映了市场中的看涨心态或看跌心态。

如果影响市场价格的所有因素最终反映在了市场价格中，那么研究市场价格就足够了。通过研究价格走势图及大量辅助的技术指标，走势图分析人士实际上就是让市场告诉他市场最可能往何处走。

（三）价格呈趋势运动

趋势的概念对技术分析来说绝对必要。将一个市场的价格行为绘制成走势图的全部目的就是要在趋势发展的初期确定它们，从而达到顺势交易的目的。事实上，技术分析中使用的大部分技法本质上就是趋势跟随型的，这意味着它们的意图是确定的并跟随现存的趋势。

价格呈趋势运动的前提有一个必然结果——运行中的趋势更可能会持续而不是反转。如同物理学中的牛顿第一定律，“在受到外力之前物体将保持静止或者匀速直线运动”，市场在出现明确的改变趋势的迹象之前将保持沿原有方向运动。

（四）历史会重演

技术分析的大部分内容及对市场行为的研究，都需要研究人类的心理。历史会重演是说虽然市场会变化，但人的心理不会改变。当价格从高峰到低谷变化时，人们的心理也会在贪婪到恐惧、乐观到悲观之间变化。因此，反映价格走势的图形必定会在适当的时候重演。

二、道氏理论的基本原则及如何运用道氏理论？

查尔斯·道（Chares Dow）与他的合伙人爱德华·琼斯（Edward Jones）在 1882 年创办了道琼斯公司（Dow Jones & Company）。大多数技术分析人士以及市场研究者一致认为，道氏理论是技术分析的理论基石。道氏理论原先是为研究股票走势而创造的，现在也已经应用于期货市场和其他商品市场中。道氏理论虽然不能为我们演绎出精确的结果，但是其有普遍指导意义的几个基本点却是每个投资者在天然橡胶期货的投资中做决策时需要遵循的。

（一）平均指数包含一切

在期货中我们可以把“平均指数包含一切”修正为“均线包容一切”，这个原则贯穿于整个技术分析理论中。实际上如果把平均价格换成市场价格，就成了“市场价格包容一切”，也就是技术分析理论基础中的第一点，所以在进行天然橡胶期货的技术分析之前我们必须深刻领会这一点。技术分析者关注价格，是因为所有能够影响市场价格的因素都已经反映在价格当中了。

（二）商品价格的变动有三种趋势

查尔斯·道曾把上升趋势定义为每一轮后继的上升行情均收在以前上升行情的最高点之上，以及每一轮后继的回稳的最低点均收在以前上升行情的最低点之上。换言之，上升趋势有一种上升的波峰和波谷的形态。相对的情形就是下降趋势，因为波峰和波谷依次下移。查尔斯·道的定义已经经受住了时间的考验，而且仍然是趋势分析的基石。

商品价格趋势中最重要的是基本趋势，这种变化持续的时间通常为一年或一年以上。对于投资者来说，基本趋势持续上升就形成了多头市场，也就是我们通常所说的牛市，而持续下降就形成了空头市场，也就是熊市。

牛市中的低点为我们提供了买入的机会，而熊市中的反弹为我们提供了卖出的机会。这种低点和反弹就是商品价格变动的第二种趋势，我们称之为次级趋势，它与基本趋势的运动方向相反，并对其产生一定的牵制作用，持续时间从几周到几个月。

次级趋势往往也会在一定的时间内统治市场，但我们不要忘记，一般情况下市场还会回到主要趋势上来。那么什么时候才能确定这个次级趋势已经变成新的主要趋势了？这正是技术分析中的难点。通常我们认为当价格突破了主要支撑位和阻力位的时候，就是发出了新趋势开始的信号，这时投资者就该改变交易方向了。

短期趋势是指较短时间，通常为几天内商品价格的变化，影响其变化的因素众多，最直接的就是股市及其他商品对其价格的影响。

（三）主要趋势分成三个阶段

一个大牛市通常早在以前的熊市结束之前就已经开始了。这时利空消息仍然不绝于耳，但对市场的影响力已大大减弱了。这时候机敏的投资者已经开始买入，从而在市场中出现一个高位，市场空头错误地认为他们仍然控制着市场，但是在随后的下跌中却未能创出新低，市场的趋势改变了。这就是主要趋势的第一阶段。

主趋势中的第二阶段——主升阶段是最强也是时间最长的。市场实现了反转，主力空头纷纷平仓并转为多头。此时是入市做多的最好时机，风险小，收益大。

当相关媒体开始越来越多地刊登看涨的故事时，当经济消息好得不能再好的时候，当投机性成交量和公众的参与增加时，主趋势的第三阶段——收尾阶段就出现了。在这个最后阶段，聪明的投资者已经开始卖出以锁定利润，市场崩塌随时可能发生。

（四）各种价格指数互相验证

在查尔斯·道那个时代研究的是工业股票、公共事业股票和交通运输股票的均线。他发现各种股票的长期走势必定保持一致。如果各种股票走势互不相同时最好就离场观望。他认为除非两个平均指数都给出相同的信号并以此相互印证，否则重要的牛市信号或熊市信号就不会出现。他认为两种平均指数都必须涨过前一个次高点，以确认一轮牛市的开始或持续。他相信这些信号不必同时出现，但认为两个信号之间的时间越短，印证越有力。如果两个平均指数相互背离，他就认为当前的趋势依然得到了维持。

案例 4－1

沪胶指数与 CRB 指数的互相验证

在天然橡胶的价格分析中，我们可以用天然橡胶的价格走势和上证综指、道琼斯工业指数、其他商品指数互相验证，来判断一个牛市是否开始或持续。以沪胶指数（数据来源于文华财经）及 CRB 指数（CRB 指数以一揽子的商品价格为组成成分，在此基础上计算而得到的商品指数）的走势为例，当沪胶指数和 CRB 指数同步跌破前期低点时，意味着熊市可能开始发生，在随后的下跌中出现的 CRB 指数与沪胶指数的背离，表示下跌行情可能仍会持续（见图 4－1）。

图 4-1　沪胶指数与 CRB 指数相互验证（单位：元/吨）

数据来源：Wind 数据。

1. 成交量必须印证趋势。在印证价格信号时，查尔斯·道把成交量作为一种次要但却重要的因素。简而言之，在大趋势的方向上成交量应当膨胀或增加。在大的上升趋势中，成交量随市场上涨而增加，随市场下跌而减少。在下降趋势中，成交量应当随市场下跌而增加，随市场上涨而萎缩。但成交量作为次要指标，在实际买卖中需要与价格走势比较，看看二者是否相互印证。

2. 趋势在给出明确的反转信号之前被假定一直有效。对道氏理论者及任何趋势跟随者来说，难点在于如何判断一次回调是基本趋势中的次级调整趋势还是一个新的相反的基本趋势的发生。对于市场何时给出真正的反转信号，道氏理论者和趋势交易者们还没有统一的意见。

图 4-2 显示了两种不同的市场格局。在图 4-2 左面的图中，注意到达点 C 的反弹低于前一个高峰点 A。然后价格跌破了点 B。两个依次下降的波峰和两个依次下降的波谷的出现，在最低点 B 被跌破的位置（点 S）给出了明确的卖出信号。这种反转形态有时被称为“失效摆动”。

在图 4-2 右面的图中，点 C 处的反弹顶部比前一个峰值点 A 高。然后，价格跌到点 B 之下。某些道氏理论者并不认为天然橡胶价格跌破 S1

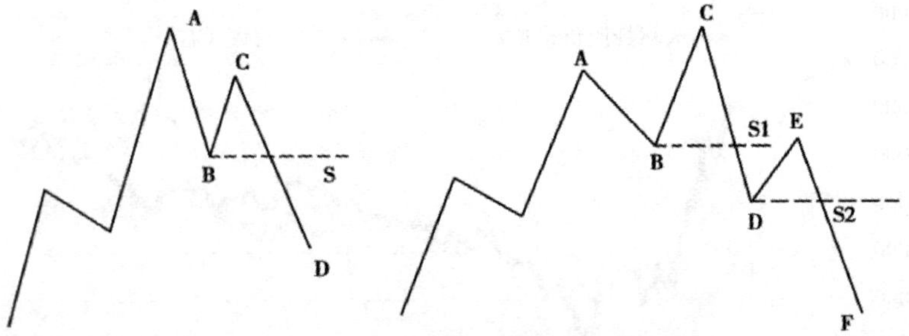

图 4－2 道氏理论中的趋势反转信号

处支撑是真正的卖出信号，他们或许会指出，因为点 C 比点 A 高，虽然价格跌破 S1 处支撑，也不能表明市场的转势。他们宁可看到点 E 的反弹比点 C 低，然后，他们会寻找点 D 之下的另一个新低点。对于他们来说，S2 才是真正的卖出信号，因为有两个更低的高点和两个更低的低点。

案例 4－2

2015 年天然橡胶期货由上涨转下跌的卖点选择

以 2015 年橡胶市场中期上涨后转成下跌为例。图 4－3 中 C 的反弹低于前一个高峰点 A，然后，价格跌破了点 B。两个依次下降的波峰 A 与 C 和两个依次下降的波谷 B 与 D 的出现，在最低点 B 被跌破的位置（点 S）给出了明确的卖出信号（见图 4－3）。

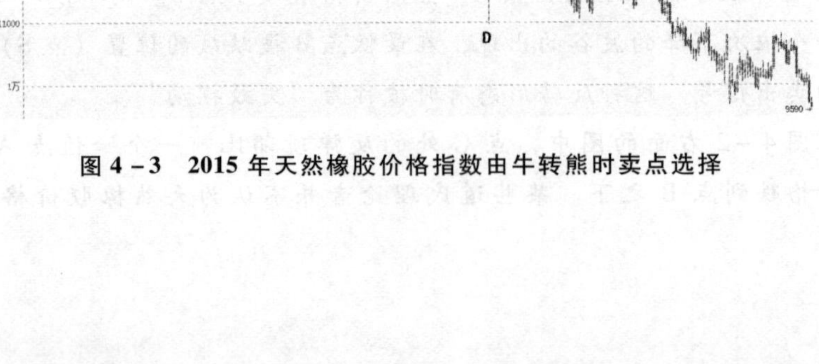

图 4－3 2015 年天然橡胶价格指数由牛转熊时卖点选择

三、如何理解道氏理论的局限性？

道氏理论在辨别大牛市和大熊市上非常有效，不过道氏理论在期货市场的应用也存在一定的局限性。道氏理论对大趋势的判断有较大的作用，对于每日每时都在发生的小波动则显得有些无能为力。道氏理论对次要趋势的判断作用不大，而期货市场对次要趋势和小波动更为重视。

一般来说，道氏理论的买入信号通常出现在一轮上升趋势的第二阶段，因为价格突破了前一个次要高峰，道氏理论在发出信号之前，已经错过了一段市场运动的20%～25%，许多交易者嫌太迟了。不过交易者必须记住查尔斯·道从未要预测趋势；相反他设法认清大牛市或大熊市的来临，然后抓住重要市场运动中的一大段。记录表明道氏理论的这种功能非常强。1920～1975年，道氏理论信号抓住了工业股平均指数和运输股平均指数运动中的68%以及标准普尔500综合指数的67%。那些批评道氏理论未能抓住实际市场顶部和底部的人也很难比道氏理论做得更好。

四、艾略特波浪理论的基本原则有哪些？

艾略特认为，不管是股票还是商品价格的波动，都与大自然的潮汐、波浪一样，一浪跟着一波，周而复始，具有相当程度的规律性，展现出周期循环的特点，任何波动均有迹可循。

波浪理论是一种具有特殊价值的工具，具体表现在其普遍性及精确性。说它具有普遍性，是指我们可在许多有关人类活动的领域中运用到它，且许多时候有令人难以置信的效果；说它具有精确性，是指在确认价格以及预测走势的变化上，其准确性令人叹为观止。这是其他分析方法所难以望其项背的。

波浪理论可以分为三部分。其一为波浪的形态；其二为浪与浪之间的比例；其三则为时间。三者的重要性，以排列先后为序。

波浪理论认为：股票市场的发展遵循着五浪上升、三浪下降的基本形态，从而形成包含八浪的完整周期。前面五浪所组成的波浪是股市运行的主要方向，而后面三浪所组成的波浪是股市运行的次要方向。第 1 浪、第 3 浪和第 5 浪称为推动浪，第 2 浪和第 4 浪则称为修正浪。经过第 1 浪至第 5 浪推动之后，又会受到 a、b、c 三浪的修正。在这个完整的八浪周期结束之后，随之而来的是第二个类似的周期变动，如此不断地重复。这样，较小级别波浪总是包含在较大的波浪中，或者说，波浪理论认为：任一序列中，任一级次的浪，均可被细分以及再细分为较小级次的浪，但五升三降乃是其基础（见图 4－4）。

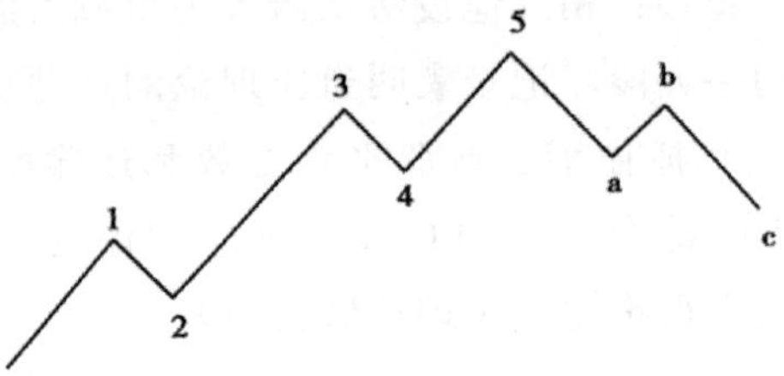

图 4－4　波浪理论的基本形态

波浪的形态，是波浪理论的立论基础。因此，数浪正确与否至为重要。数浪的基本规则只有两条，如果坚守不移，可说已经成功了一半。

第一，第三个浪（推动浪）永远不可以是第一至第五浪中最短的一个浪。通常来说，第三个浪是最具爆炸性的，经常成为最长的一个浪。

第二，第四个浪的浪底，不可以低于第一个浪的浪顶。

在分析波浪形态时，有时会遇到较为难以分辨的市势，可能发现几个同时可以成立的数浪方式，在这种情况下，了解各个波浪的特性，有助于作出正确的判断。

另外，艾略特波浪理论还有四个基本特点：

1. 在上述八个波浪（“五上三落”）完毕之后，一个循环即告完成，走势将进入下一个八波浪循环。

2. 时间的长短不会改变波浪的形态，因为市场仍会依照其基本形态发展。波浪可以拉长，也可以缩短，但其基本形态永恒不变。

3. 价格指数的上升和下跌将会交替进行。

4. 推动浪和调整浪是价格波动的两个最基本形态，而推动浪（即与大市走向一致的波浪）可以再分割成五个小浪，一般用第1浪、第2浪、第3浪、第4浪、第5浪来表示，调整浪也可以划分成三个小浪，通常用a浪、b浪、c浪表示。

从以上来看，波浪理论似乎颇为简单和容易运用，实际上，由于其每一个上升/下跌的完整过程中均包含有一个八浪循环，大循环中有小循环，小循环中有更小的循环，即大浪中有小浪，小浪中有细浪，因此，使数浪变得相当繁杂和难以把握，再加上其推动浪和调整浪经常出现延伸浪等变化形态和复杂形态，使得对浪的准确划分更加难以界定，会使应用者在数浪时发生偏差。浪的层次的确定和浪的起始点的确认构成了波浪理论实际运用的最大难点。

案例4-3

2018年11月至2019年4月沪胶指数的波浪形态划分

2018年11月至2019年4月沪胶指数从上涨转向下跌过程的形态明显吻合五上三落的基本波浪形态（见图4-5）。波浪形态划分方法并非唯一。

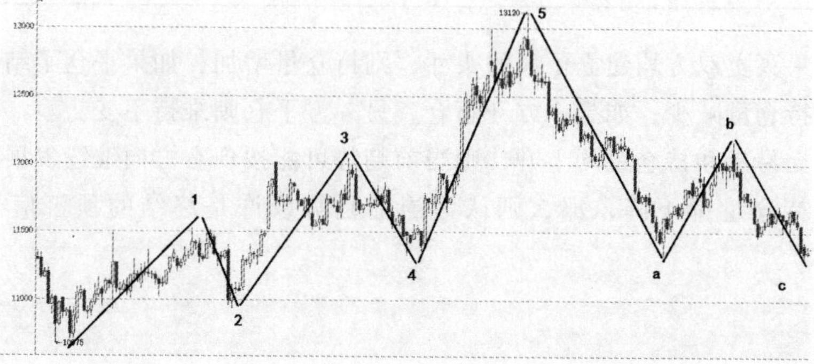

图4-5 2018年11月至2019年4月沪胶指数的波浪形态

五、成交量、持仓量在商品市场技术分析中有何作用?

成交量（交易量）：是指在我们所研究的基本时间单位内成交的合约总数。

持仓量（持仓兴趣）：是指在某日收市时为止，所有未平仓了结的合约的总数。

在技术分析的三个要素中价格显然是最重要的，成交量和持仓量是次要的，从重要性由高到低依次排列价格、成交量、持仓量。虽然价格是技术分析的第一要素，但是成交量和持仓量在技术分析中也有着非常重要的参考作用。持仓量的变化情况见表4－1。

表4－1　　持仓量的变化情况

买方	卖方	持仓量变化
1. 买进新多头头寸	卖出新空头头寸	增加
2. 买进新多头头寸	卖出原有多头头寸	不变
3. 买回原有空头头寸	卖出新空头头寸	不变
4. 买回原有空头头寸	卖出原有多头头寸	减少

如果买卖双方均建立了新的头寸，则持仓量增加；如果平仓了结原有头寸，则持仓量减少；如果一方开新仓，另一方平仓则维持不变。

如交易量和持仓量均上升，则当前趋势可能按现有方向继续发展；如交易量与持仓量都下降，那么则认为当前趋势或许是终结的预警信号（见表4－2）。

表 4－2　　交易量、持仓量反映市场情况

价格	交易量	持仓量	市场
上涨	增加	上升	坚挺
下跌	增加	上升	疲软
下跌	减少	下降	坚挺
上涨	减少	下降	疲软

交易量可以验证价格形态，一般所有价格形态在完结时只要突破信号成立，则应当伴有较重的交易量，如头肩形。在下降趋势中价格下跌时交易量应较重，反弹时较轻。在上升趋势中，价格上涨是交易量较重，下跌时较轻。

通常交易量领先于价格，较大的交易量通常发生在与市场流行趋势一致的方向上。无论上涨或者是下跌都应当通过交易量反映出来，而价格则要等到价格趋势反转后才能够体现出来。

持仓对价格的辅助判断主要方法如下：

1. 在上升趋势中，持仓量增加是看涨信号。
2. 在上升趋势中，持仓量减少是看跌信号。
3. 在下降趋势中，持仓量增加是看跌信号。
4. 在下降趋势中，持仓量减少是看涨信号。

价格形态完成时，持仓量的增加可视为新趋势信号可靠程度的旁证。当一场主要的市场运动接近尾声时，持仓量已经随价格趋势的整个过程增加到一定高度，那么一旦持仓量不再继续增加或急速减少，那么这就是趋势即将生变的预警信号。如果在市场顶部，持仓量处于高水平，而价格下跌又突如其来，那么这是看跌信号。如果市场处于调整期间或者处于水平交易区间，持仓量逐渐积累增加，那么一旦向上或者是向下的价格突破，随后而来的价格运动将会加剧。

六、天然橡胶期货技术走势中的头肩顶与头肩底形态是什么样的？

（一）头肩顶与头肩底形态

K线密集区内，会出现三个顶点或三个底点，但其中第二个顶点或底点较其他两顶点或底点更高或更低。从图形看，是一顶两肩或一底两肩状，从而有头肩顶与头肩底之分（见图4-6）。

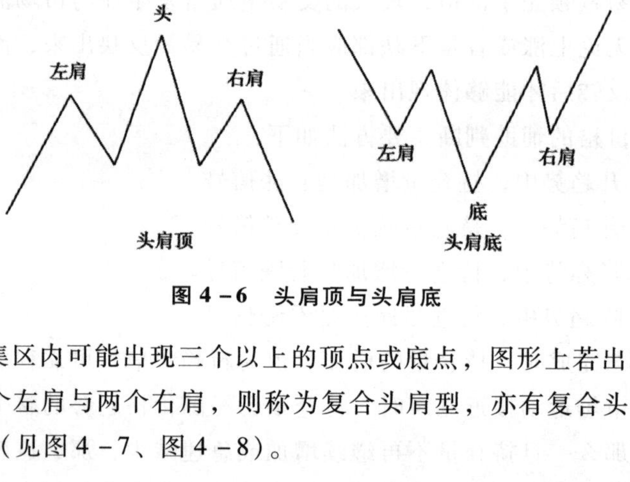

图4-6 头肩顶与头肩底

K线密集区内可能出现三个以上的顶点或底点，图形上若出现一个或两个头部，两个左肩与两个右肩，则称为复合头肩型，亦有复合头肩顶与复合头肩底之分（见图4-7、图4-8）。

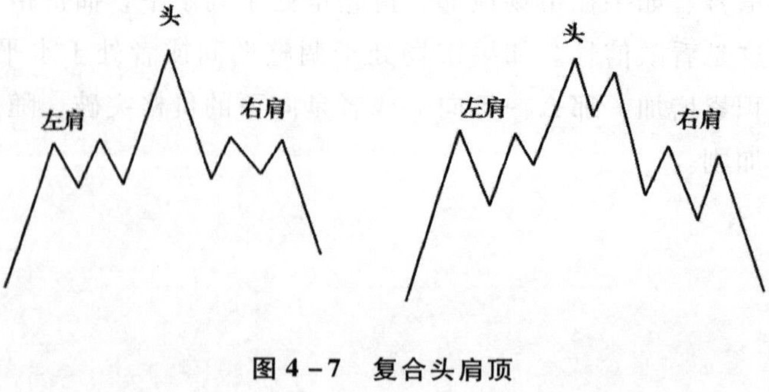

图4-7 复合头肩顶

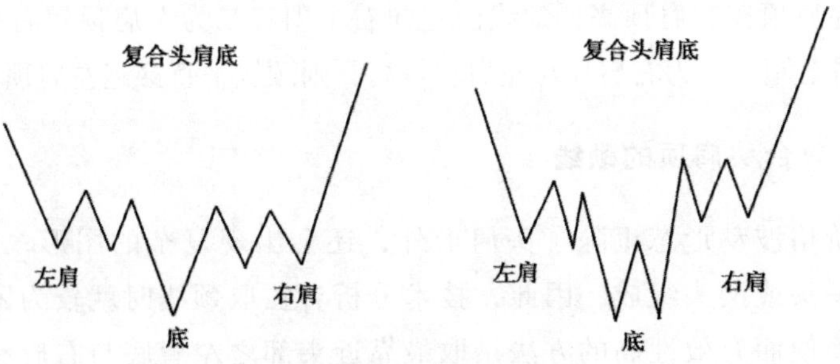

图4－8　复合头肩底

（二）头肩顶的颈线

头肩顶之颈线（见图4－9）取之于左肩底点与右肩底点之连线，向左右延伸出去。一般来说，人的左肩与右肩不一定等高，因此有三种可能：一为左肩底较右肩底高，则颈线由左向右下斜；二为右肩底较左肩底高，则颈线由左向右上倾；三为左肩底与右肩底等高，则颈线平直穿越左肩底与右肩底。价格波动虽不规则，但只要是头肩形态就不会脱离此标准模式。

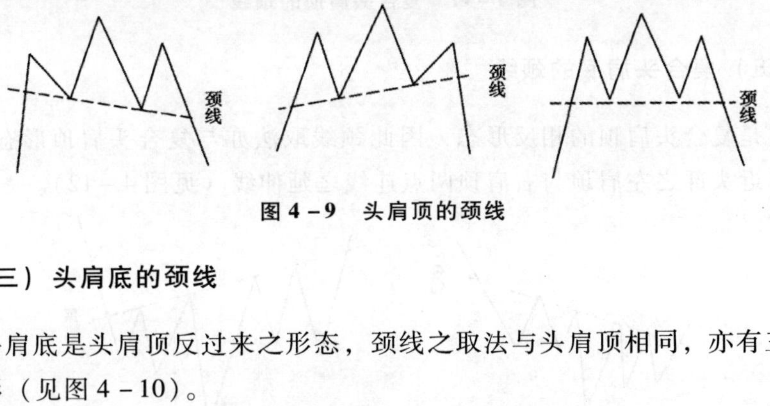

图4－9　头肩顶的颈线

（三）头肩底的颈线

头肩底是头肩顶反过来之形态，颈线之取法与头肩顶相同，亦有三种不同图形（见图4－10）。

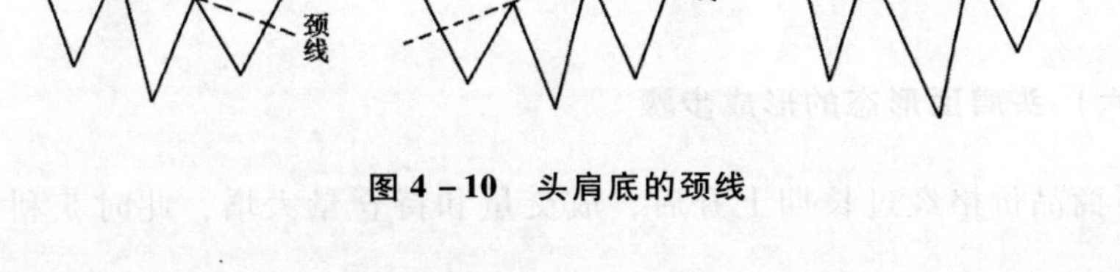

图4－10　头肩底的颈线

一为左肩顶较右肩顶高，颈线由左向右下斜；二为左肩顶较右肩顶低，颈线由左向右上倾；三为右肩顶与左肩顶等高，则颈线平直穿越左肩顶与右肩顶。

（四）复合头肩顶的颈线

商品价格波动形态里除了头肩形外，还会出现复杂的图形，由两右肩、两左肩与一头或两头组成，因此，技术分析者在取颈线时就较为困难。一般来说，最简便而有效性高的方法是取最靠近头部之左肩底与右肩底两点连线之延伸线。

复合头肩顶的颈线见图 4－11。

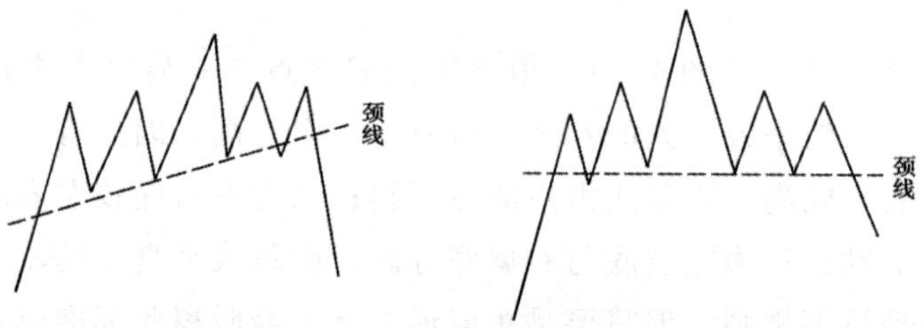

图 4－11　复合头肩顶的颈线

（五）复合头肩底的颈线

这是复合头肩顶的相反形态，因此颈线取法亦与复合头肩顶形态类似，取最靠近头部之左肩顶与右肩顶两点连线之延伸线（见图 4－12）。

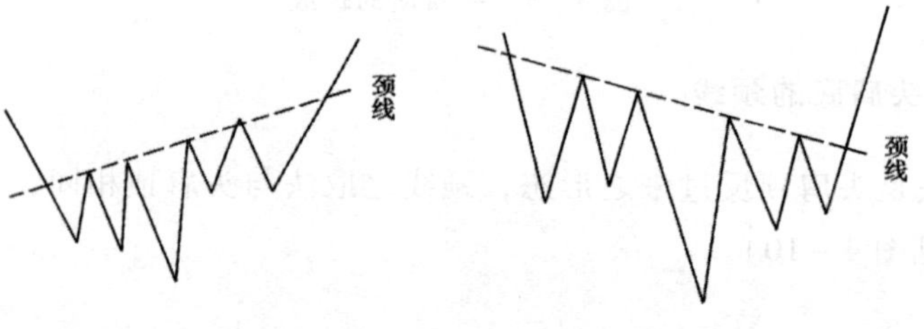

图 4－12　复合头肩底的颈线

（六）头肩顶形态的形成步骤

1. 商品价格经过长期上升后，成交量和持仓量大增，此时获利回吐压力亦增加，商品价格回跌一段，成交量和持仓量下降，比先前最高价附近的成交量和持仓量减少许多，此时头肩顶的左肩形成。

2. 商品价格回升，突破左肩之顶点，成交量和持仓量可能会有所放大，价格回跌至前一低点水准附近，有时高些，有时低些，但是绝对低于左肩的顶点，头部完成。

3. 第三次上升，已不再出现过去庞大的成交量和增仓，涨势亦不再凶猛，到达头部价格水准前就向下跌，这是右肩。最后，第三次下跌时，急速穿过经由左肩和头部之间的底部以及头部和右肩之间底部的延长线（即颈线），再回升时价格仅能达到颈线水准附近，然后成为下跌趋势，通常伴随着成交量的放大和增仓，反转下跌形态完成。

4. 颈线之突破：收盘价突破颈线幅度超过该价格 3% 以上，是有效突破。

（七）头肩顶形态操作上要注意的事项

1. 一旦头肩顶形态完成，就应该相信图上所表示的意义。

2. 若头肩顶形态确定，从图上头部的顶端画一条垂直线到颈线，然后再从右肩形成后突破颈线的那一点开始向下量出同样的长度，则这段价格距离是商品价格将要下跌的最小幅度。也就是说，至少商品价格要跌完所测量的差价方有再反转上升的可能。

七、天然橡胶期货技术走势中的双顶与双底形态是什么样的?

（一）双顶与双底

在商品价格走势图中，有时可看出商品价格波动的状况，商品价格出现最高价之后回跌，稍事整理后，再度回升至先前价格水准附近，又告回跌，两个“一般高”的高点形成在线路图上，且在短期内不复见到，这种形状称为双重顶，亦称双顶，或 M 头。

双重底则是商品价格变动图形里显示先后出现两个价格水准类似的低点，在短期内不复见到，也称双底，或 W 底（见图 4－13）。

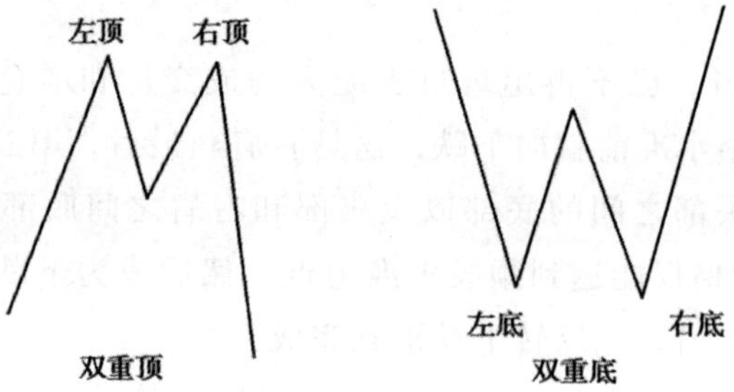

图 4－13　双重顶与双重底

（二）双顶双底的颈线画法

由图形看（见图 4－14），双顶与双底形态与英文字母 M 或 W 类似。因此颈线取法明朗，形成 M 头时会出现一凹点，将此凹点画一平直线；同理，形成 W 底时会出现一凸点，将此凸点画一平直线。

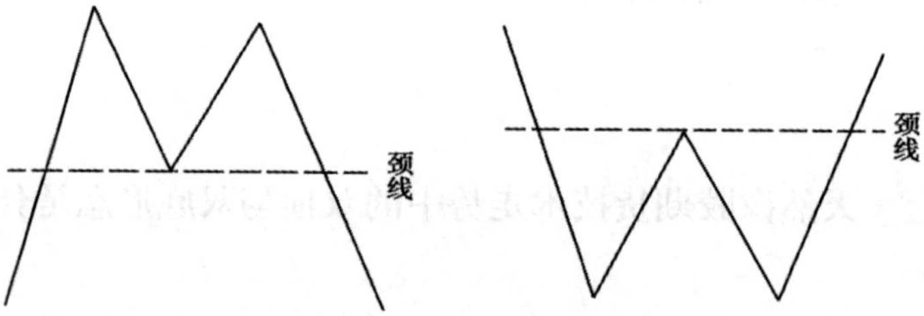

图 4－14　双重顶与双重底的颈线

（三）双顶特征

1. 双顶是当某一商品急速上升至某价格水准时回跌，而在峰顶处留下大成交量，然后成交量随价格下跌而萎缩，然后再度上升时，价格又回至前一峰顶附近，成交量再度增加，却不再出现先前在第一峰顶所留下的成交量水准，上升阻力产生，随后造成第二次下跌。突破颈线后，形成原始下跌趋势或中级下跌趋势。而向下突破颈线时，成交量亦不一定扩大，日后继续下跌时，成交量会扩大。

2. 双重顶的颈线是画一条平行线通过双峰间之低点。双重顶完成后突破颈线，从图形可看出，类似英文字母 M。

（四）双底特征

1. 双底只是将双顶倒转过来，形成 W 字母状，也就是下跌趋势结束前出现反弹，然后再度下跌，跌势趋于缓和，在前次低价附近止住，开始向上涨升。

2. 突破颈线时出现大成交量，也就是双重底从第二个底部上升时的成交量会高于第一个底部上升时的数量，双重底得以确认。

（五）双顶双底形态操作注意事项

1. 双顶或双底不一定都是反转信号，有时也会是整理形态，如果两个顶点（底点）出现时间非常近，在它们之间只有一个次级下跌（或上升），大部分属于整理形态，将继续朝原方向进行价格变动。相反，两个顶点（底点）产生时间相距甚远，中间经过几次次级上升（或下跌），反转形态形成的可能性大。

2. 如果在双顶时，商品价格从第二顶点滑落时低于谷底的价位，在双重底时，商品价格从第二谷底上升超过顶点的价格，则必为反转形态。

无论双顶或双底完成后，突破颈线幅度超过该商品期货价格 3% 以上时，是有效突破。测量完成双重顶形最小下跌距离，至少达到波谷与波峰之间垂直距离；测量完成双重底形最小上涨距离亦是依照此方式推算。

八、天然橡胶期货技术走势中的三重顶与三重底形态是什么样的？

（一）三重顶与三重底形态

三重顶与三重底（见图4－15），顾名思义，线路图里会显示三个价格水准类似的顶点或底点，而顶部与顶部、底部与底部间均相隔一段距离，换句话说，每出现一顶部或底部，就需要一段时间整理。

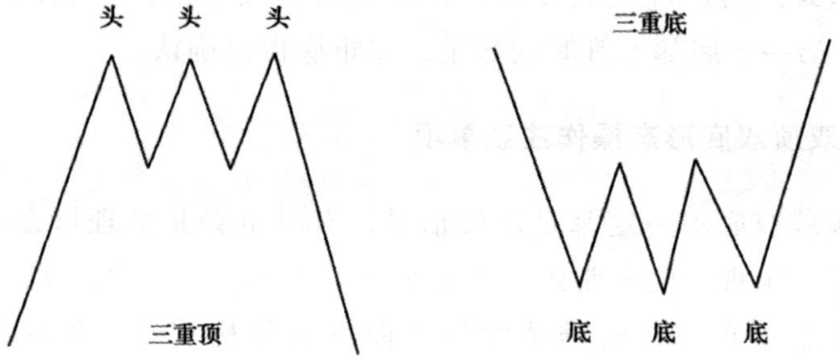

图4－15 三重顶与三重底

（二）三重顶（底）的颈线画法

依图形看（见图4－16），三重顶或三重底由三个“一般高”的顶部或三个“一般低”的底部组成，简单地讲，这是头肩顶或头肩底的变形，使肩部价位与头部价位类似，取颈线方法与头肩形态相同，将左头底点与右头底点连线延伸出去，就是颈线。同样地，将左底顶点与右底顶点连线延伸出去，就是三重底颈线。

在造顶或盘底过程，若是原始反转，时间自然拖得较长，没有耐心的投资人在形态没有完全确定时，便急于跳进或跳出，未如意料中走势时又急于杀出或抢进，等到大势确定，商品期货价格正式反转上升或下跌，仍照预期

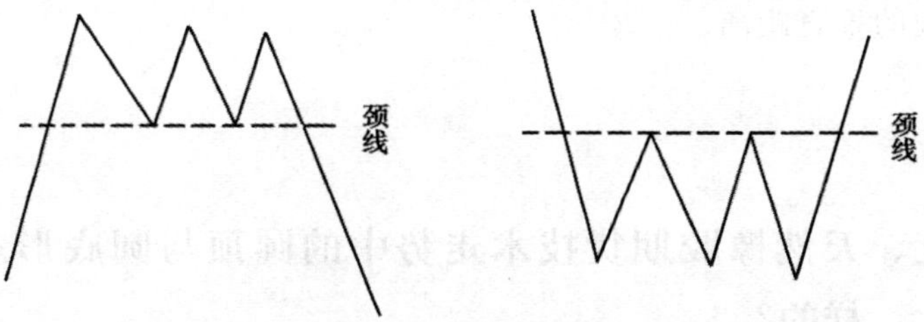

图4-16　三重顶与三重底的颈线

方向进行，此时投资人信心已动摇，开始犹豫不决，眼看会错过一段大行情，甚至造成重大损失。商品价格走势若以三重顶或三重底完成反转形态，就经常使投资人迷惑不决。

（三）三重顶与三重底的特征

三重顶或三重底，顾名思义，可以知道比双重顶或底多一个顶或一底，也就是它们完成形态所需时间更长，真正的三重顶与双重顶有明显相似之处，其顶部与顶部之间相距很远、很深，而且时常有圆形下跌。这类形态有三个特征：

1. 三重顶或三重底之峰顶与峰顶，或谷底与谷底的间隔距离与时间不必相等。

2. 三个顶点或三个谷底的价格无须相同，高低最大差距可达到3%，不应苛求。

3. 三重顶的第三个顶成交量非常小时，即显示出下跌征兆，而三重底在第三个底部完成而价格上升时，成交量和持仓量大量增加，即表示价格将会突破颈线而上升。

（四）三重顶操作注意事项

三重顶或三重底完成后，价格未跌破或向上突破颈线前，并不适于做买进或卖出委托，因为反转时间尚未成熟，主力尚未完成多空转换，仍欲使商品价格继续整理，直到三重顶或三重底完成后，方才进行反转，突破颈线上升或下跌，此时便是买进时机或卖出时机。

三重顶或三重底之最小跌幅或涨幅，通常是从顶部之最高价或底部之最低价至颈线的垂直距离。

九、天然橡胶期货技术走势中的圆顶与圆底形态是什么样的？

（一）圆底和圆顶（见图4－17）

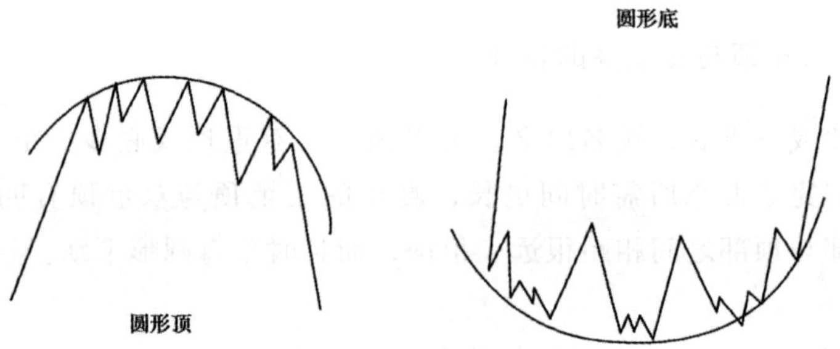

图4－17 圆形顶与圆形底

商品价格进入整理期，多空短兵相接，力量的转变亦可能是渐进的，从图形看，从涨至跌，或从跌至涨，均呈抛物线状，亦是弧形，我们将它称为圆顶或圆底。

任何形态发生反转，在进行过程中，有的是经过长期的争夺并与大成交量配合才使趋势改变，由上升转为下跌或由下跌转为上升；有的则没有如此激烈，价格变动方向很简单、明显、连续且相当对称地变化。经过一段潜移默化期后，一方力量自然移转至另一方，圆形反转便是如此。

圆形反转的基本形态是商品价格变动呈弧形下跌，成交量逐渐减少，然后当价格缓跌至相当价位时，上下波动几乎呈水平状态，成交量也减少至交易几乎停顿。此时供需渐渐增加，商品价格缓慢上升，呈一弧形，成交量和持仓随价格上升亦显著增加，而价格亦加速上升，轨道趋于陡直，经过几天的直线上升，涨势在顶点碰到大量获利盘平仓才停止。从反转过程看，不论价格或成交量、持仓量变化都呈圆形。

在上涨行情里，上涨初期，多头快速拉升价格，表示其实力强劲，涨升一段后，空头开始反击，而使价格上升速度减缓，甚至下跌，多空形成拉锯战，多头由主动变为被动，最后力竭，快速下跌，在图形上端形成弧状，即圆形顶。

（二）圆形底的形成过程

1. 底部成交量极小，上涨初期亦不大，价格开始向上冲刺时，成交量和持仓迅速扩大。

2. 由图形观察，圆形底形成后，价格涨升初期速度不快，最后回跌，完成此段上升行情。换言之，价格下跌后，进入探底，经图形反转而上升，此种上升行情力量属于爆发性，涨得急，结束得也快，完全是一口气拉升，中间极少出现回档整理。

十、如何理解天然橡胶期货技术分析中的三角形整理形态？

（一）三角形整理形态（见图4－18）概念

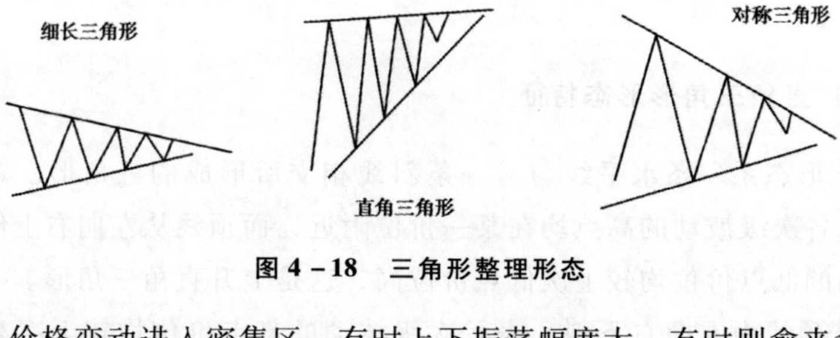

图4－18　三角形整理形态

商品价格变动进入密集区，有时上下振荡幅度大，有时则愈来愈窄，渐渐失去弹性，从线路图看，就如三角形状，盘旋时间不会长，当价格走入三角形尖端时，表示整理形态结束。

由于变动方式不一，三角形又可分为细长三角形、直角三角形与对称三角形。

（二）对称三角形整理形态的特征

此形态由一系列价格变动组成，变动幅度逐渐下降，成交量亦随着缩小，呈一收敛图形，愈向右边波动，价格愈呈静止状态。与整理形态的对称三角形不同点是，其价格朝过去变动的方向继续上升或下跌。反转形态的对称三角形是将原先上升趋势转为下跌趋势，或将原先下跌趋势转为上升趋势。

（三）对称三角形整理形态注意事项

1. 此形态大多出现于整理形态，出现于反转形态的机会为四分之一。

2. 反转对称三角形，多半为中级上升结束，次级下跌开始，借着盘局获利平仓并完成多空换手，然后再将行情打下去。

3. 价格变动演变成对称三角形时，供需双方得以在此获得调节，要买的人可用类似价格分天做多，要卖的人亦有时间将大笔份额分天出清，而价格相差也不多。等到实力派买进或卖出足够的份额时，价格波动再次兴起，突破对称三角形而上升或下跌。因此，对称三角形完成后的上升或下跌是另一次极佳的买进或卖出时机。

反转形态的对称三角形特性与整理形态的对称三角形相同，价格变动愈接近其顶点或底点，突破力量愈小。向上突破时需要大成交量伴随，向下突破时则不必。

（四）直角三角形形态特征

1. 此形态系一条水平线与另一条斜线相交所形成的三角形，若顶线水平，表示各次级波动的高点均在某一价位附近，而顶线从左向右上倾，表示次级波动的低点价位均较上次低点价位高，这是上升直角三角形。

2. 若顶线由左向右下斜，表示次级波动的高点价位均较上次高点价位低，底线水平，表示各次级波动的低点均停在某一价位附近，这是下降直角三角形。

（五）直角三角形形态操作注意事项

1. 这种图形也是很容易让投资人预测未来商品价格走势的形态，若下跌趋势末期出现上升直角三角形盘局时，表示价格即将反转上升，可以大胆买进。上升趋势末期出现此形态，表示价格即将反转下跌，必须及早卖出，减少损失。

2. 一般来说，上升三角形表示价格上升的信号，下降三角形表示价格下降的信号，虽然也有例外，但是误差比率不到五分之一。

3. 直角三角形形态的成交量变动情形与对称三角形一样，当价格波动移向尖端时，成交量缩小；当价格突破而上升时，成交量应该扩大，成交量若没有在突破上限时增加，需留意可能是一个假的突破，不久会再回至原先的形态内。下跌突破时成交量没有扩大，不影响它的有效性，可以依赖。

直角三角形突破后，价格变动的最小幅度至少为三角形的顶点至底边的垂直距离。

十一、如何理解天然橡胶期货技术分析中矩形与旗形整理形态？

（一）矩形整理形态

商品价格波动至某价位区，会发生“滞留”现象，在某段期间内，价格上下变动仍具弹性，但局限于高点与低点间。从图形看，可在价格密集区的上端与下端各连成一条直线，相互平行，类似长方形，这称为“矩形整理形态”（见图4－19）。

1. 矩形整理的特征

矩形是由一连串横向的价格变动所形成的，其变动之上限与下限皆呈水平状，成交量变动则随着形态的发展愈来愈小。向矩形上方突破时亦须有大

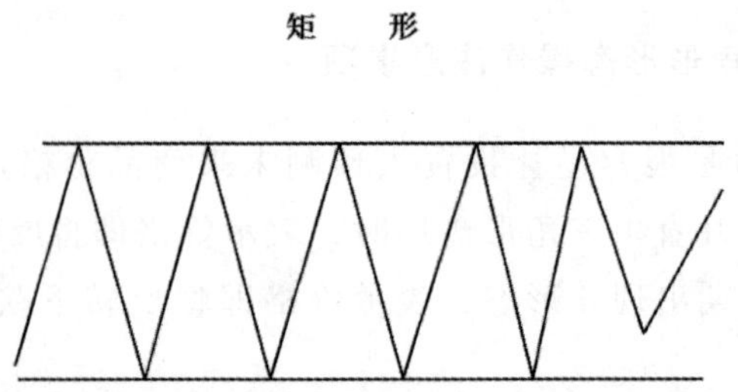

图 4－19　矩形整理形态

成交量配合，向下突破则不一定出现大成交量。

2. 矩形整理的注意事项

（1）与对称三角形一样，矩形整理出现的情形是：反转形态次数并不多，而在底部发生反转次数比顶部多。

（2）矩形整理形态是做短线进出的投资者最喜见的形态，低进高出可来回几趟，这种多空势均力敌的竞争，最后有一方终会筋疲力尽，但是没有任何人能料定何方获胜，直到形态突破时才能肯定未来走势。因此，初具矩形规模时，投资者若能及时确认此类型走势，在交易过程里把握高则卖、低则买原则，便能轻易获利。

（3）一旦突破，价格涨跌幅度至少是上限至下限间的差价。

（二）旗形整理形态（见图 4－20）

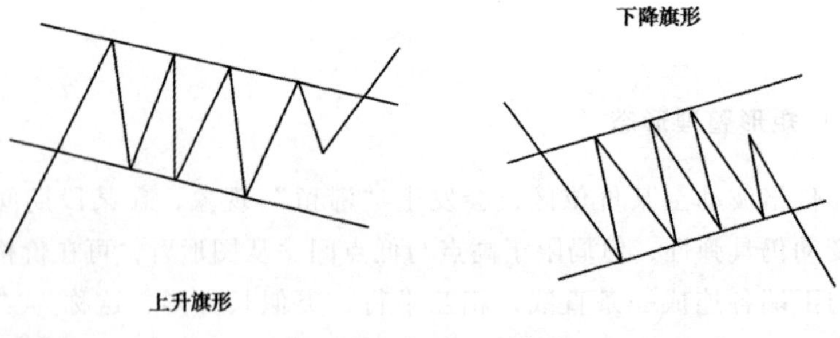

图 4－20　旗形整理形态

商品价格进入盘旋整理阶段，多空双方争战虽呈拉锯战，但从图形看，仍有一方居上风，使行情逐步上升或下移，若将价格移动上端与下端各连成一条直线，会出现两种图形，一为上升旗形，一为下降旗形。

换句话说，上升旗形从图形看，一波比一波低，空头力量占上风，最后，多头力挽狂澜，使价格突破盘局的上界线，继续展开另一段上升行情。下跌旗形则从图形看，一波比一波高，多头力量居主动，最后，空头全力打压，使价格突破盘局的下界线，继续展开另一段下跌行情。

1. 旗形形态特征

（1）上升行情中途出现此形态，它的图形就如一面小旗，轨道由左向右下斜，也就是价格进入盘档，一波比一波低，似是即将反转下跌，却扭转跌势，向上界线突破。

（2）下跌行情中途出现此形态，它的图形则倒过来，轨道由左向右上倾，也就是价格进入盘档，一波比一波高，似是即将上涨，却很快下跌，向下界线突破。

（3）此形态的种类有二：其一是小平行四边形，价格变动紧密而不大；其二是小矩形，价格变动范围更小。

2. 旗形整理注意事项

（1）这种形态仅出现于整理形态。

（2）到了旗形的末端，价格突然急剧上升，成交量相应增加，而且突破轨道上界线而上升，仅会在先前高价附近稍事停留，整理筹码后，就将展开另一段上升行情。下跌行情的旗形整理成交量亦减少，但是价格向轨道下界线突破时成交量亦大增，这特征与其他整理形态下跌突破时成交量不一定增加迥异。

十二、什么是移动平均线？如何运用均线？

移动平均线（Moving Average，MA）是趋势类的重要指标之一，以道·琼斯的“平均成本概念”为理论基础，采用统计学中“移动平均”的原理，将一段时期内的价格平均值连成曲线，用来显示价格的历史波动情况，进而反映价格指数未来发展趋势的技术分析方法。它是道氏理论的形象化表述。

移动平均线依计算周期分为短期（如 5 日、10 日）、中期（如 30 日）和长期（如 60 日、120 日）移动平均线。

移动平均线依算法分为算术移动平均线、线形加权移动平均线、阶梯形移动平均线、平滑移动平均线等多种，最为常用的是算术移动平均线。

（一）移动平均线计算方法

MA =（C1 + C2 + C3 + …… + Cn）/n

C 为每日收盘价。

n 为计算周期，一般 n 定为 5，10，30，60。

最常用的是 5 日、10 日和 30 日的移动平均线。

移动平均线通常与价格线一同使用。

（二）移动平均线所表示的意义

1. 上升行情初期，短期移动平均线从下向上突破中长期移动平均线，形成的交叉称为黄金交叉，预示价格将上涨。如 5 日均线上穿 10 日均线形成的交叉。

2. 当短期移动平均线向下跌破中长期移动平均线形成的交叉称为死亡交叉，预示价格将下跌。

3. 在上升行情进入稳定期，5 日、10 日、30 日移动平均线从上而下依次顺序排列，向右上方移动，称为多头排列，预示该商品价格将大幅上涨。

4. 在下跌行情中，5 日、10 日、30 日移动平均线自下而上依次顺序排列，向右下方移动，称为空头排列，预示该商品价格将大幅下跌。

5. 在上升行情中价格位于移动平均线之上，走多头排列的均线可视为多方的防线；当价格回档至移动平均线附近，各条移动平均线依次产生支撑力量，买盘入场推动价格再度上升，这就是移动平均线的助涨作用。

6. 在下跌行情中，价格在移动平均线的下方，呈空头排列的移动平均线可以视为空方的防线，当价格反弹到移动平均线附近时，便会遇到阻力，卖盘涌出，促使价格进一步下跌，这就是移动平均线的助跌作用。

7. 移动平均线由上升转为下降出现最高点，和由下降转为上升出现最低点时，是移动平均线的转折点，预示价格走势将发生反转。

（三）葛南维移动平均线（见图4-21）八大法则（单根均线的用法）

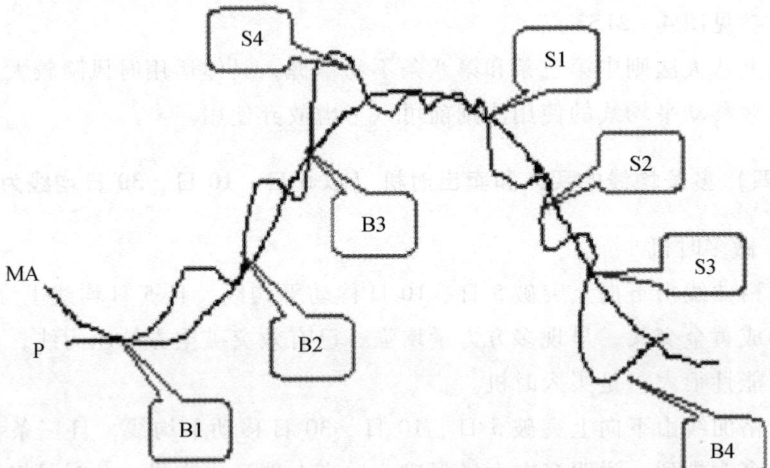

图4-21　葛南维移动平均线

1. 移动平均线从下降逐渐走平且略向上方抬头，而价格从移动平均线下方向上方突破，为买进信号，参见图4-21B1点。

2. 价格位于移动平均线之上运行，回档时未跌破移动平均线后又再度上升时为买进时机，参见图4-21B2点。

3. 价格位于移动平均线之上运行，回档时跌破移动平均线，但短期移动平均线继续呈上升趋势，此时为买进时机，参见图4-21B3点。

4. 价格位于移动平均线以下运行，突然暴跌，距离移动平均线太远，极有可能向移动平均线靠近（物极必反，下跌反弹），此时为买进时机，参见图4-21B4点。

5. 价格位于移动平均线之上运行，连续数日大涨，离移动平均线越来越远，随时都会产生获利回吐及空头的卖压，应做空，参见图4-21S4点。

6. 移动平均线从上升逐渐走平，而价格从移动平均线上方向下跌破移动平均线时说明空方力量较强，应做空，参见图4-21S1点。

7. 价格位于移动平均线下方运行，反弹时未突破移动平均线，且移动平均线跌势减缓，趋于水平后又出现下跌趋势，此时为做空时机，参见图4－21S2点。

8. 价格反弹后在移动平均线上方徘徊，而移动平均线却继续下跌，宜做空，参见图4－21S3点。

以上八大法则中第三条和第八条不易掌握，具体运用时风险较大，在未熟练掌握移动平均线的使用法则前可以考虑放弃使用。

（四）多条均线的买入和卖出时机（以5日、10日、30日均线为例）

1. 做多时机

价格曲线由下向上突破5日、10日移动平均线，且5日均线上穿10日均线形成黄金交叉，显现多方力量增强，已有效突破空方的压力线，后市上涨的可能性很大，是买入时机。

价格曲线由下向上突破5日、10日、30日移动平均线，且三条移动平均线呈多头排列，说明多方力量强盛，后市上涨已成定局，此时是极佳的买入时机。

在强势品种的上升行情中，价格出现盘整，5日移动平均线与10日移动平均线纠缠在一起，当价格突破盘整区，5日、10日、30日移动平均线再次呈多头排列时为买入时机。

在多头市场中，价格跌破10日移动平均线而未跌破30日移动平均线，且30日移动平均线仍向右上方挺进，说明价格下跌是技术性回档，跌幅不致太大，此时为买入时机。

2. 做空时机

在上升行情中，价格由上向下跌破5日、10日移动平均线，且5日均线下穿10日均线形成死亡交叉，30日移动平均线上升趋势有走平迹象，说明空方占有优势，已突破多方两道防线，此时应平多单，激进者可以尝试性建立空单。

价格在暴跌之后反弹，无力突破10日移动平均线的压力，说明价格将继续下跌，此时为做空时机。

价格先后跌破5日、10日、30日移动平均线，且30日移动平均线有向右下方移动的趋势，表示后市的跌幅将会很深，应迅速做空该品种。

价格经过长时间盘局后，5 日、10 日移动平均线开始向下，说明空方力量增强，后市将会下跌，应做空该品种。

当 30 日移动平均线由上升趋势转为平缓或向下方转折，预示后市将会有一段中级下跌行情，此时应做空该品种。

价格下跌反弹时，价格向上逐次攻破 5 日、10 日、30 日均线，当价格在 10 日移动平均线上方运行，与 10 日移动平均线之间的距离突然拉大，且 K 线出现射击之星，表示近期内获利盘丰厚，多方力量转弱，空方力量增强，反弹或将结束，此时可适当做空该品种。

十三、什么是 MACD 指标？如何运用 MACD 指标？

MACD（指数平滑移动平均线）指标也是重要的趋势类指标，是基于均线的构造原理，对价格收盘价进行平滑处理（求出算术平均值）后的一种趋向类指标。它主要由两部分组成，即正负差（DIF）、异同平均数（DEA），其中正负差是核心，DEA 是辅助。DIF 是快速平滑移动平均线（EMA1）和慢速平滑移动平均线（EMA2）的差。

在现有的技术分析软件中，MACD 常用参数是快速平滑移动平均线为 12，慢速平滑移动平均线参数为 26。此外，MACD 还有一个辅助指标——柱状线（BAR）。在大多数技术分析软件中，柱状线是有颜色的，在低于 0 轴以下是绿色，高于 0 轴以上是红色，前者代表趋势较弱，后者代表趋势较强。

$$EMA(12)=2/(12+1)\times 今日收盘价+11/(12+1)\times 昨日\ EMA(12)$$

$$EMA(26)=2/(26+1)\times 今日收盘价+25/(26+1)\times 昨日\ EMA(26)$$

$$DIF=EMA(12)-EMA(26)$$

$$DEA=MA(DIF,10)$$

$$BAR=2\times(DIF-DEA)$$

使用 MACD 指标应当遵循的基本原则：

1. 当 DIF 和 DEA 处于 0 轴以上时，属于多头市场，DIF 线自下而上穿越 DEA 线时是买入信号。DIF 线自上而下穿越 DEA 线时，如果两线值还处于 0 轴以上运行，仅仅只能视为一次短暂的回落，而不能确定趋势转折，此时是否卖出还需要借助其他指标来综合判断。

2. 当 DIF 和 DEA 处于 0 轴以下时，属于空头市场。DIF 线自上而下穿越 DEA 线时是卖出信号，DIF 线自下而上穿越 DEA 线时，如果两线值还处于 0 轴以下运行，仅仅只能视为一次短暂的反弹，而不能确定趋势转折，此时是否买入还需要借助其他指标来综合判断。

3. 柱状线收缩和放大。一般来说，柱状线的持续收缩表明趋势运行的强度正在逐渐减弱，当柱状线颜色发生改变时，趋势确定转折。但在一些时间周期不长的 MACD 指标使用过程中，这一观点并不能完全成立。

4. 形态和背离情况。MACD 指标也强调形态和背离现象。当形态上 MACD 指标的 DIF 线与 MACD 线形成高位看跌形态，如头肩顶、双头等，应当保持警惕；而当形态上 MACD 指标的 DIF 线与 MACD 线形成低位看涨形态时，应考虑买入。在判断形态时以 DIF 线为主，MACD 线为辅。当价格持续升高，而 MACD 指标走出一波比一波低的走势时，意味着顶背离出现，预示着价格将可能在不久之后出现转头下行；当价格持续降低，而 MACD 指标却走出一波高于一波的走势时，意味着底背离现象的出现，预示着价格将很快结束下跌，转头上涨。

5. 牛皮市道中指标将失真。当价格并不是自上而下或者自下而上运行，而是保持水平方向的移动时，我们称之为牛皮市道，此时虚假信号将在 MACD 指标中产生，指标 DIF 线与 MACD 线的交叉将会十分频繁，同时柱状线的收放也将频频出现，颜色也会常常由绿转红或者由红转绿，此时 MACD 指标处于失真状态，使用价值相应降低。

十四、什么是 KDJ 指标？如何运用 KDJ 指标？

随机指标 KDJ 是重要的摆动类指标，它主要是利用价格波动的真实波幅来反映价格走势的强弱和超买超卖现象，在价格尚未上升或下降之前发出买卖信号的一种技术工具。它在设计过程中主要是研究最高价、最低价和收盘价之间的关系，同时也融合了动量观念、强弱指标和移动平均线的一些优点，因此，能够比较迅速、快捷、直观地研判行情。

随机指标 KDJ 最早是以 KD 指标的形式出现，而 KD 指标是在威廉指标的基础上发展起来的。不过威廉指标只判断某商品的超买超卖现象，在 KDJ 指标中则融合了移动平均线速度上的观念，形成比较准确的买卖信号依据。在实践中，K 线与 D 线配合 J 线组成 KDJ 指标来使用。由于 KDJ 线本质上是一个随机波动的观念，故其对于掌握中短期行情走势比较准确。

（一）计算方法

指标 KDJ 的计算比较复杂，首先要计算周期（n 日、n 周等）的 RSV 值，即未成熟随机指标值，然后再计算 K 值、D 值、J 值等。以日 KDJ 数值的计算为例，其计算公式为：

n 日 $RSV=(C_n-L_n)\div(H_n-L_n)\times100$

公式中，C_n为第 n 日收盘价；L_n为 n 日内的最低价；H_n为 n 日内的最高价。RSV 值始终在 1 ~100 间波动。

其次，计算 K 值与 D 值：

当日 K 值 =2/3 × 前一日 K 值 +1/3 × 当日 RSV

当日 D 值 =2/3 × 前一日 D 值 +1/3 × 当日 K 值

若无前一日 K 值与 D 值，则可分别用 50 来代替。

以 9 日为周期的 KD 线为例。首先须计算出最近 9 日的 RSV 值，即未成熟随机值，计算公式为：

9 日 RSV = $(C - L_9) \div (H_9 - L_9) \times 100$

式中，C 为第 9 日的收盘价；L_9 为 9 日内的最低价；H_9 为 9 日内的最高价。

K 值 = 2/3 × 前一日 K 值 + 1/3 × 当日 RSV

D 值 = 2/3 × 前一日 K 值 + 1/3 × 当日 RSV

若无前一日 K 值与 D 值，则可以分别用 50 代替。

需要说明的是，式中的平滑因子 1/3 和 2/3 是可以人为选定的，不过目前已经约定俗成，固定为 1/3 和 2/3。在大多数期货分析软件中，平滑因子已经被设定为 1/3 和 2/3，不需要改动。另外，一般在介绍 KD 时，往往还附带一个 J 指标。

J 指标的计算公式为：

J = 3D - 2K

实际上，J 的实质是反映 K 值和 D 值的乖离程度，从而领先 KD 值找出头部或底部。J 值范围可超过 100。

J 指标是个辅助指标，最早的 KDJ 指标只有两条线，即 K 线和 D 线，因此也被称为 KD 指标；随着股市、期货分析技术的发展，KD 指标逐渐演变成 KDJ 指标，从而提高了 KDJ 指标分析行情的能力。另外，在一些分析软件上，KDJ 指标的 K、D、J 参数已经被简化成仅仅一个，即周期数（如日、周、月等），而且，随着分析技术的发展，投资者只需掌握 KDJ 形成的基本原理和计算方法，无须去计算 K、D、J 的值，更为重要的是利用 KDJ 指标去分析、研判商品的行情。

（二）KDJ 指标的用法

KDJ 指标是三条曲线，在应用时 KDJ 指标的一般研判标准主要是从 KDJ 三个参数的取值、KDJ 曲线的形态、KDJ 曲线的交叉、KDJ 曲线的背离和 KDJ 曲线同商品价格曲线的配合等方面来考虑。

1. KDJ 的取值用法

KDJ 指标中，K 值和 D 值的取值范围都是 0 ~ 100，而 J 值的取值范围可以超过 100 和低于 0，但在分析软件上 KDJ 的研判范围都是 0 ~ 100。通常就敏感性而言，J 值最强，K 值次之，D 值最慢；而就安全性而言，J 值最差，

K 值次之，D 值最稳。

根据 KDJ 的取值，可将其划分为几个区域，即超买区、超卖区和徘徊区。按一般划分标准，K、D、J 这三值在 20 以下为超卖区，是买入信号；K、D、J 这三值在 80 以上为超买区，是卖出信号；K、D、J 这三值在 20 ~ 80 之间为徘徊区，宜观望。

一般而言，当 K、D、J 三值在 50 附近时，表示多空双方力量均衡；当 K、D、J 三值都大于 50 时，表示多方力量占优；当 K、D、J 三值都小于 50 时，表示空方力量占优。

2. KDJ 曲线的形态用法

KDJ 指标的研判还可以从 KDJ 曲线的形态来分析。当 KDJ 指标曲线图形形成头肩顶（底）形态、双重顶（底）形态（即 M 头、W 底）及三重顶（底）等形态时，也可以按照形态理论的研判方法加以分析。KDJ 曲线出现的各种形态是判断行情走势、决定买卖时机的一种分析方法。另外，KDJ 指标曲线还可以画趋势线、压力线和支撑线等。

当 KDJ 曲线在 50 上方的高位时，如果 KDJ 曲线的走势形成 M 头或三重顶等顶部反转形态，可能预示着商品价格由强势转为弱势，价格即将大跌，应及时平多单并尝试性建立空单。如果价格曲线也出现同样形态则更可确认，其跌幅可以用 M 头或三重顶等形态理论来研判。

当 KDJ 曲线在 50 下方的低位时，如果 KDJ 曲线的走势出现 W 底或三重底等底部反转形态，可能预示着商品价格由弱势转为强势，价格即将反弹向上，可以逢低少量做多。如果价格曲线也出现同样形态则更可确认，其涨幅可以用 W 底或三重底形态理论来研判。

KDJ 曲线的形态中 M 头和三重顶形态的准确性要大于 W 底和三重底。

3. KDJ 曲线的交叉用法

KDJ 曲线的交叉分为黄金交叉和死亡交叉两种形式。一般而言，在一个商品的完整的升势和跌势过程中，KDJ 指标中的 K、D、J 线会出现两次或以上的“黄金交叉”和“死亡交叉”情况。

当某商品价格经过一段很长时间的低位盘整行情，并且 K、D、J 三线都处于 50 线以下时，一旦 J 线和 K 线几乎同时向上突破 D 线时，表明价格即将转强，价格跌势已经结束，将止跌朝上，可以开始做多，进行中长线建仓。这是 KDJ 指标“黄金交叉”的一种形式。

当某商品价格经过一段时间的上升过程中的盘整行情，并且 K、D、J 线都在 50 线附近徘徊时，一旦 J 线和 K 线几乎同时再次向上突破 D 线，成交量再度放出时，表明价格处于一种强势之中，价格将再次上涨，可以加码买进或持仓待涨，这就是 KDJ 指标“黄金交叉”的一种形式。

当某商品价格经过前期一段很长时间的上升行情后，价格涨幅已经很大的情况下，一旦 J 线和 K 线在高位（80 以上）几乎同时向下突破 D 线时，表明价格即将由强势转为弱势，价格将大跌，这时应选择做空，这就是 KDJ 指标“死亡交叉”的一种形式。

当某商品价格经过一段时间的下跌后，而价格向上反弹的动力缺乏，各种均线对价格形成较强的压力时，KDJ 曲线在经过短暂的反弹到 80 线附近，但未能重返 80 线以上时，一旦 J 线和 K 线再次向下突破 D 线时，表明价格将再次进入极度弱市中，价格还将下跌，可以再做空或观望，这是 KDJ 指标“死亡交叉”的另一种形式。

4. KDJ 曲线背离的运用

KDJ 曲线的背离就是当 KDJ 指标曲线图的走势方向正好和 K 线图的走势方向相反。KDJ 指标的背离有顶背离和底背离两种。

当某商品价格 K 线图的走势一峰比一峰高，价格在一直向上涨，而 KDJ 曲线图上 KDJ 指标的走势是在高位一峰比一峰低，这叫顶背离现象。顶背离现象一般是价格将高位反转的信号，表明价格中短期内即将下跌，是卖出的信号。

当某商品价格 K 线图上的价格走势一峰比一峰低，价格在向下跌，而 KDJ 曲线图上 KDJ 指标的走势是在低位一底比一底高，这叫底背离现象。底背离现象一般是价格将低位反转的信号，表明价格中短期内即将上涨，是买入的信号。

与其他技术指标的背离现象研判一样，在 KDJ 的背离中，顶背离的研判准确性高于底背离。价格在高位，KDJ 在 80 以上出现顶背离时，可以认为价格即将反转向下，投资者可以及时多单离场，尝试性做空；而价格在低位，KDJ 也在低位（50 以下）出现底背离时，一般要反复出现几次底背离才能确认，并且投资者只能做战略建仓或做短期投资。

5. KDJ 曲线与商品价格曲线的配合使用

当 KDJ 曲线与商品价格曲线从低位（KDJ 值均在 50 以下）同步上升，表明价格中长期趋势向好、短期内价格有望继续保持上涨趋势，投资者应继续持有多单或逢低买入。

当 KDJ 曲线与商品价格曲线从高位（KDJ 值均在 50 以上）同步下降，表明短期内价格将继续下跌趋势，投资者应继续持币观望或逢高做空。

当 KDJ 曲线从高位回落，经过一段时间强势盘整后再度向上并创出新高，而价格曲线也在高位强势盘整后再度上升创出新高，表明价格的上涨动力依然较强，投资者可继续持仓待涨。

当 KDJ 曲线从高位回落，经过一段时间盘整后再度向上，但到了前期高点附近时却掉头向下、未能创出新高时，而商品价格曲线还在缓慢上升并创出新高，KDJ 曲线和价格曲线在高位形成了相反的走势，这可能意味着价格上涨的动力开始减弱，KDJ 指标出现了顶背离现象。此时投资者应千万小心，一旦价格向下，应果断及时地离场。

当 KDJ 曲线在长期弱势下跌过程中，经过一段时间弱势反弹后再度向下并创出新低，而价格曲线也在弱势盘整后再度向下创出新低，表明价格的下跌动能依然较强，投资者空单可继续持有或加仓。

当 KDJ 曲线从低位向上反弹到一定高位、再度向下回落，但回调到前期低点附近时止跌企稳、未能创出新低时，而价格曲线还在缓慢下降并创出新低，KDJ 曲线和价格曲线在低位形成相反的走势，这可能意味着价格下跌的动能开始衰弱，KDJ 指标出现了底背离现象。此时投资者也应密切关注价格动向，空单需要平仓，一旦价格向上就可以短线买入，等待反弹的出现。

自测题

一、单项选择题

1. 判定市场势后分析该行情的幅度及持续时间主要依靠的分析工具是（　　）。

A. 基本因素分析　　　　　　B. 技术因素分析

C. 市场感觉　　　　　　　　D. 历史同期状况

2. 艾略特最初的波浪理论是以周期为基础的，每个周期都由（　）组成。

A. 上升（或下降）的4个过程和下降（或上升）的4个过程

B. 上升（或下降）的5个过程和下降（或上升）的4个过程

C. 上升（或下降）的5个过程和下降（或上升）的3个过程

D. 上升（或下降）的6个过程和下降（或上升）的2个过程

3. 以下指标能基本判定市场价格将上升的是（　）。

A. MA走平，价格从上向下穿越MA

B. KDJ处于80附近

C. 威廉指标处于20附近

D. 正值的DIF向上突破正值的DEA

4. 以下指标预测市场将出现底部，可以考虑建仓的是（　）。

A. K线从下方3次穿越D线

B. D线从下方穿越2次K线

C. 负值的DIF向下穿越负值的DEA

D. 负值的DIF向下穿越正值的DEA

5. 下面关于交易量和持仓量一般关系描述正确的是（　）。

A. 当新的买入者和卖出者同时入市时，持仓量才会增加，同时交易量下降

B. 买卖双方有一方做平仓交易时，持仓量和交易量均增加

C. 买卖双方均为原交易者，双方均为平仓时，持仓量下降，交易量增加

D. 双方合约成交后，以交割形式完成交易时，一旦交割发生，持仓量不变

二、多项选择题

1. 按道氏理论的分类，趋势分为（　）等类型。

A. 主要趋势　　　　　　B. 次要趋势

C. 短期趋势　　　　　　D. 无趋势

2. 按道氏理论，下面的天然橡胶价格指数走势图中可能的卖点有（　）。

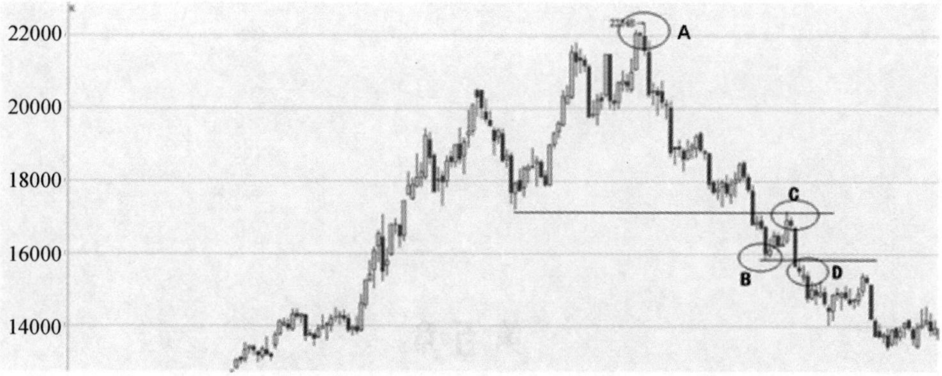

3. 在持仓对价格的辅助判断中，看涨信号有（　　）。

A. 在上升趋势中，持仓兴趣增加　B. 在上升趋势中，持仓兴趣减少

C. 在下降趋势中，持仓兴趣增加　D. 在下降趋势中，持仓兴趣减少

4. 根据葛南维移动平均线法则，以下可做多的情形有（　　）。

A. 价格位于移动平均线之上运行，回档时跌破移动平均线，但短期移动平均线继续呈上升趋势

B. 价格位于移动平均线以下运行，突然暴跌，距离移动平均线太远，极有可能向移动平均线靠近

C. 价格位于移动平均线之上运行，连续数日大涨，离移动平均线越来越远

D. 移动平均线从上升逐渐走平，而价格从移动平均线上方向下跌破移动平均线时说明空方力量较强

参考答案

一、单项选择题

1. B　2. C　3. D　4. A　5. C

二、多项选择题

1. ABC　2. BD　3. AD　4. AB

第五章

企业如何利用天然橡胶期货进行套期保值

本章要点

本章在套期保值案例分析的基础上，从国内天然橡胶期货套保实务的角度，介绍了套保的分类、企业经营风险敞口分析、套保策略的选择、财务、资金管理以及操作过程中应该注意的问题等相关内容。

一、套期保值是什么？

“hedging”，英文本意是“对冲”投资者所面临的价格波动的风险，包括现货、远期合约、期货、期权、掉期、互换等各种对冲工具。而利用期货工具来对冲现货的价格风险的操作和过程，就是所谓的“套期保值”。

套期保值，这是期货产生的内在要求。随着国民经济的快速发展和市场机制的日益成熟，利用期货进行价格发现、规避风险，已经成了每一个市场参与主体的必要选择。从企业微观角度来看，期货的两大功能利用程度不同。“价格发现”对于微观企业来说只能是被动地接受价格，而“规避风险”的操作则充分展现了一个企业的经营水平，体现了企业利用期货和管理风险的能力。

套期保值的避险原理如下：首先，天然橡胶期货交易过程中，期货价格与现货价格尽管变动幅度不会完全一致，但变动的趋势基本一致，即天然橡胶的现货价格趋于上涨时，其期货价格也趋于上涨；反之亦然。这是因为期货市场与现货市场虽然是两个各自分开的不同市场，但具体到天然橡胶来说，其期货价格与现货价格主要的影响因素是相同的。这样，引起现货市场价格涨跌的因素，也同样会影响到期货市场价格同向的涨跌。涉胶企业就可以通过在期货市场上做与现货市场相反的交易来达到保值的功能，使价格稳定在一个目标水平上。

其次，现货价格与期货价格不仅变动的趋势相同，而且在到期交割日，天然橡胶期货和现货两者价格将大致相等或合二为一。这是因为，期货价格包含有储藏该商品直至交割日为止的一切费用，远期期货价格要比近期期货价格高。当期货合约接近于交割日时，储存费用会逐渐减少乃至完全消失。这时两个价格的决定因素实际上已经几乎相同了，交割月份的期货价格与现货价格趋于一致。这就是期货市场与现货市场的市场走势趋同性原理。

需要注意的是，天然橡胶期货市场并不等同于天然橡胶现货市场，它还会受一些其他因素的影响，因而，期货价格的波动时间与波动幅度不一定与现货价格完全一致，加之期货市场上有规定的交易单位，两个市场操作的数量往往不尽相等，这些就意味着天然橡胶期货套期保值者在冲销盈亏时，有可能获得额外的利润，也可能产生小额亏损。因此，涉胶企业在从事套期保值交易时，也要关注可能会影响套期保值效果的因素，如基差、质量标准差异、交易数量差异等，使套期保值交易达到满意的效果，能为企业的生产经营提供有效的服务。

套期保值原理见图 5－1。

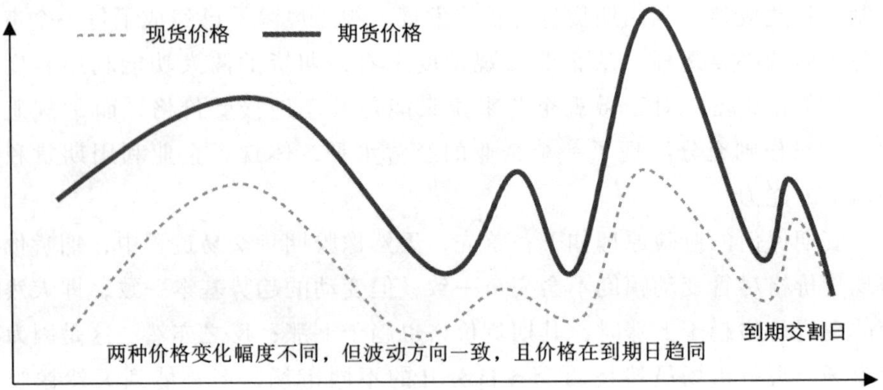

图 5－1 套期保值原理示意图

二、为什么天然橡胶相关企业要做套期保值交易？

（一）我国天然橡胶相关企业众多

天然橡胶的产业链涉及天然橡胶生产商（农户、加工企业）、轮胎制造企业、传送带制造企业、天然橡胶贸易商，以及众多的涉胶使用和制造企业。总体来说，从产业链角度看，包括上、中、下游各种类型企业。

我国的涉胶企业为数众多，但分布很不平衡，这是由天然橡胶自身兼具农产品和工业品两种属性决定的。这里所说的不平衡主要指的是企业数量在产业链上分布不平衡。我国天然橡胶产业链的上游主要以海垦、云垦、广垦三大农垦和中化国际为代表；此外，在海南和云南的主产区还有相当数量的民营种植园和胶厂，这些企业构成了我国国产胶的供应主体。天然橡胶产业链的中游包括为数众多的贸易商，既有中化国际、浙江物产等国有大型企业，也有很多民营及私营企业。产业链的下游则是为数更多的以天然橡胶为原材料的加工生产企业，主要包括轮胎、输送带、特种橡胶制造、变异橡胶加工等企业。

（二）用胶企业面临的风险

参与期货市场是企业经营管理的重要手段，目前已经成为国内企业参与市场竞争的必要手段。企业参与期货市场，有助于其更好地了解未来市场价格走势的变化情况，保证企业贸易利润，利于企业长期稳定发展。从企业经营的角度看，其面临的主要风险包括：

1. 供求关系变化，价格上涨，下游商家采购成本提高；价格下跌，上游企业利润减少。

2. 现货市场价格上涨，现货合同供货方有毁约的可能。

3. 现货市场价格下跌，以高价购入的商品以低价卖出，可能会损失。

4. 现货市场价格下跌，库存价值下降，影响企业整体利益。

另外，现货市场还存在资金占用、仓储费、保险费、损耗等问题。

（三）参与套期保值的好处

正确利用期货市场的套期保值交易，可以减少或回避价格变动带来的风险。而期货市场只需用同等现货价值 10% 左右的资金即可进行交易，可以减少财务费用。因此，在这些方面套期保值至少有以下几个好处：

1. 可以对不利于商品销售的价格波动提供保护，有助于保护利润并获得稳定收入。

2. 可给本企业在商品的采购和定价策略中提供灵活性；可以预先锁定买入的成本和价格，稳健安排销售活动。

3. 正常贸易周转必须保持一定的库存，套期保值可避免资金绑在存货上，从而提高企业的资金使用效率。

4. 可以节省一些储存费用、仓储费、保险费和损耗。

5. 从保值计划所得的利益中可增加厂商的借款能力和信誉。

当然，进行套期保值也需要付出一定的成本，这些成本包括：一旦采取了套期保值策略，在规避对己不利的价格风险的同时，也放弃了价格可能出现对己有利的获利机会；必须支付一定的交易成本。这些成本是企业参与套期保值之前必须理解和认为可以接受的。

套期保值的交易原则如下：交易方向相反原则；商品种类相同原则；商品数量相等原则；相同或相近原则。

企业利用期货市场进行套期保值交易实际上是一种以规避现货交易风险为目的的风险投资行为，是结合现货交易的操作。

三、如何识别企业的风险敞口？

所谓风险敞口，是指暴露在外未加保护的、会对企业的生产经营产生消极影响的风险。真正的风险与盈亏无关，它具有不确定性，一方面不确定它什么时候会发生，另一面是不确定其影响程度有多大。

风险敞口有两大类型，即单向敞口和双向敞口。单项敞口是指企业一方面临较大的价格变动风险，而另一方的价格相对确定，确定的依据是企业原材料价格波动大，还是产品价格波动大。单向敞口又可分为上游敞口和下游敞口。双向敞口是指原材料和产品都面临着较大的价格波动。企业的风险敞口由企业的类型决定，一般我们把企业分为生产型、贸易型、加工型、消费型四类基本形式。

生产型的企业一般拥有生产所需的原料，在产业链中，负责原材料的生产，例如，铜矿、铁矿、原油等生产企业以及天然橡胶、大豆、玉米、苹果等农产品种植企业。

贸易型企业一方面在上游采购时，价格上涨会导致采购成本上升，另一方面在下游销售时，价格下跌会导致销售利润减少。因此贸易型企业在上、下游都有风险，属于风险双向敞口企业。

加工型企业同贸易型企业类似，它需要向上游采购原料，加工成产品后向下游销售，属于风险双向敞口企业。

消费型企业的风险是采购时上游产品价格上涨，导致其采购成本增加，其属于下游闭口、上游敞口的类型。例如橡胶制品行业，其终端零售价格一般比较稳定，但其原材料价格波动较大。如果能够控制原材料成本，其市场竞争力将有所增强。

对于一些大型企业来说，其业务可能覆盖上、中、下游的企业，这个时候单一的风险分析方法难以梳理清楚，应该先把每个领域拆分分析，然后在全产业里整合分析。确定了企业类型以及风险敞口后，我们就可以知道企业应该采取什么样的套保方式：对于上游闭口、下游敞口的企业，其应该采取卖出套保的操作方法；对于上游敞口、下游闭口的企业，其需要进行买入套保；而针对双向敞口的企业，其需要在其不同的风险时期采取不同的套保方式（见图5-2）。

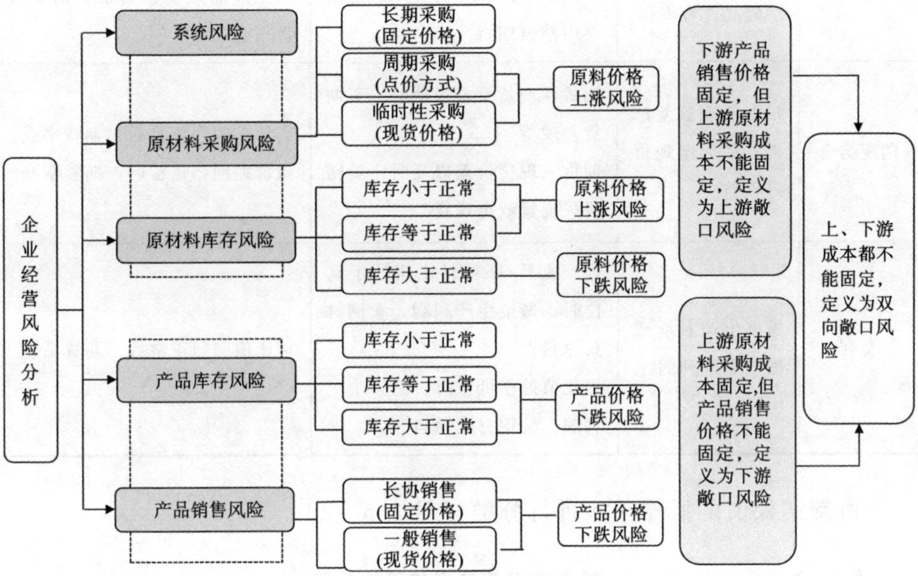

图5-2 企业经营风险敞口分析

四、套期保值如何分类？

通过分析企业不同的风险敞口，不同类型的企业可以选择适合的套期保值模式。套期保值可以分为以下几种模式（见表5-1）。

表5-1　　按不同风险敞口分类

套保模式		期现操作	期货操作
生产套保	采购原材料	期货价格低，买入对应期货；现货价格低，买入现货	当所购原材料使用后，对应期货平仓
库存套保	原材料库存套保	买入原材料现货后，同时卖出对应数量期货	当原材料库存消化后，对应期货平仓
	产成品库存套保	产成品形成库存时，同时卖出对应数量期货	当产成品现货销售后，对应期货平仓
期现结合	根据期现价差结构，锁定期现价差收益	期货-现货价差极低时，买期货卖现货 期货-现货价差极高时，卖期货买现货或屯现货	当价差回归正常后，期货平仓； 当价差回归正常后，期货平仓
套利	做多生产利润或做空生产利润	当产成品/原材料比值处于高位时，做空生产利润，卖钢材买原料； 当比值处于低位时，做多生产利润，买钢材卖原料	当比值回归正常后，期货平仓

按套期保值的操作手法进行分类（见表5-2）。

表5-2　　按套期保值的操作手法分类

按操作手法划分	按所持期货部位稳定性划分
买入套期保值 卖出套期保值	择时（动态）套期保值 静态套期保值
按期货部位了结方式划分	**按操作策略划分**
平仓式套期保值 交割式套期保值	展期套期保值 套利套期保值 预期套期保值 期权套期保值

1. 静态套期保值者在套期保值初期对现货资产按 1:1 的比例建立期货头寸，并保持该头寸于合约的整个持有期内不变，等到期末时将该头寸对冲平仓。

2. 择时（动态）套期保值者在套期保值目标和风险防范措施的范畴内，根据企业经营和期货市场价格波动情况，对套期保值计划不断调整，选择不同的时间、不同的仓位，力求实现保值效果的最大化。

3. 展期套保。企业可以利用在期货市场不断地移仓换月来达到展期保值的目的，从而避免期货主力合约与非主力合约成交的显著差异带来的不利影响。

4. 套利套保。企业通过套利的思维模式进行套保，这种模式本质上也是锁定成本，只是将套利和套保的思维模式结合使用。

5. 预期套保。现货企业的经营日益复杂，市场环境千变万化，要根据企业采购、生产和营销情况，结合市场走向预期分析，灵活确定套保的时机。

6. 期权套保。在风险可控的原则下，可选择以期权为主、期货为辅的套保组合。

五、天然橡胶相关企业套期保值的可行性分析是怎样的？

一个企业是否需要参与套期保值取决于两个方面：一是日常经营中是否有调整风险敞口的需求；二是是否有对应的工具实现快速调整敞口。

（一）是否有调整风险敞口的需求

天然橡胶采购分为长约采购和随机采购。长约采购定价基准为 SICOM、TSR20 订单上月期货月均结算价格，根据不同品种、交期、区域调整升贴水因素；现货价格主要参考 SICOM－TSR20、沪胶主力合约价格及走势。

销售分为长约销售和随机销售。长约销售定价基准为 SICOM 的 TSR20 订单上月期货月均结算价格，根据不同品种、交期、区域来调整升贴水因素。境外销售的现货价格主要参考 SICOM 的 TSR20 近月合约结算价格，境内销售的现货价格主要参考 SICOM 的 TSR20 近月合约结算价格、沪胶主力合约价格及走势。

企业的风险敞口来自买入和卖出业务的对应关系，基于品种、交期、区域对“对应关系”的影响不一，敞口方向由买入先定价还是卖出先定价决定，敞口持续的时间由买入定价和卖出定价的时间差决定。

（二）是否有对应的风险对冲工具

对冲工具的合适与否取决于两个条件：一是两者具备高度相关；二是对冲工具的流动性充足。

目前天然橡胶期货市场最有影响力的主要有上海期货交易所挂牌的天然橡胶（沪胶）、上海国际能源交易中心挂牌的 20 号胶、日本交易所集团（内含东京工业品交易所、大阪交易所）挂牌的天然橡胶（日胶、TSR20）和新加坡交易所旗下的新加坡商品交易所（SICOM）挂牌交易的天然橡胶（RSS3、TSR20）。

随着上海期货交易所天然橡胶成交量和活跃度不断提高，其影响力逐渐增大。上期所不断丰富天胶衍生品序列，逐步形成了天胶期货及期权、20 号胶期货、天胶标准仓单及延伸仓单、天胶“保险＋期货”组成的多层次天然橡胶衍生品体系。2014～2018 年，上期所天然橡胶期货与日本天然橡胶期货价格相关系数为 0.91，与新加坡天然橡胶期货价格相关系数为 0.88，与国内现货价格相关系数为 0.96，表现出紧密的相关性，从企业生产周期看，利用沪胶期货完全可以起到套期保值的作用。

六、如何选用套期保值的策略?

在分析自身的风险敞口和决定风险对冲工具之后，企业针对自身套期保值策略的制定，可以按以下步骤操作。以消费企业为例，一般选择买入保值，其决策程序如下：

1. 分析国内外整体宏观经济形势。

2. 分析企业涉及品种的产业供需基本面。

3. 分析企业自身的生产经营中的风险，制订年度天然橡胶需求计划，天然橡胶成本预算。

4. 分析当前国际国内市场结构与资金动向（期现价差、品种间价差、地区间价差）。

5. 对天然橡胶价格变化趋势进行研究与预测，结合技术面分析。

6. 根据预测结果，选择是否进行买入套期保值。

以上几点中，最重要的是宏观经济形势，其次是产业基本面，然后是基差。按确定性来看，基差最为确定，其次是产业基本面，最不确定的是宏观经济形势。

通过以上分析，首先，企业可以根据自身经营状况确定企业套期保值的预期目标。其次，制定具体的套期保值策略，包括套保比率、选择期货合约月份、具体保值数量和手数、保证金占用比例、选择建仓和平仓的时机、盘中风险监控、止损设置及应急预案等。企业可以计算出最优套期保值比值，提高套期保值效果。通过建立历史数据的计量模型，确定现货套保的比例，并对该比例进行动态跟踪，然后根据跟踪结果对套保头寸进行调整，目的是为了保证套保后的风险最小化。最后，确定平仓时机，并对套保效果进行评估（见图 5 -3）。

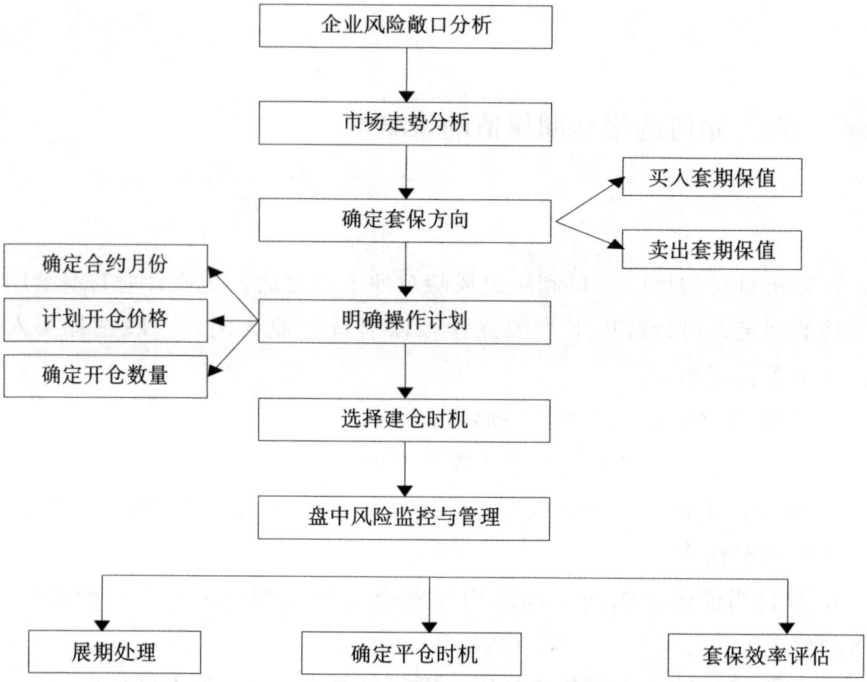

图 5-3 套期保值的策略制定

七、套期保值财务及资金如何管理？

财务测算及资金管理对企业取得套期保值成功有着不可替代的作用，主要包括以下几个方面：

（一）常规资金使用

根据制定的套期保值策略计算实际资金需求量和资金使用成本。

（二）异常情况下资金使用

根据对宏观经济和行业发展形势的判断，计算行情向不利方向偏离最大程度可能造成的损失等情况下资金使用情况。比如现货盈利期货亏损，现货市场的盈利在未来才会体现，但根据期货每日结算制度的原则，企业必须不断补充保证金，尤其是在期货市场损失较大的时候，套保策略结合资金管理就显得很重要了。此外，期货市场交割月临近需要追加保证金情况下的所需资金用量也应考虑。

套期保值的成本及资金占用情况见表5－3。表中最主要的两项是期货保证金占用与持仓期间损益，也是决定预留资金数量的关键。

表5－3　　套期保值的成本及资金占用情况

序号	成本及资金	
1	期货交易手续费	按照交易所、期货公司标准收取
2	期货保证金	按照交易所、期货公司保证金标准计算
3	持仓损益	根据持仓量、每日期货结算价计算
4	冲击成本	市场流动性原因，下单数量较大时，成交价格是一个区域
5	预留资金	当期货价格沿着不利方向变动，期货端亏损消耗保证金，需要及时补足保证金

（三）期货保证金占用

保证金比例分为两个部分：第一部分是交易所保证金，第二部分是期货公司加收的保证金。保证金变动主要发生在第一部分，所以我们需要着重了解交易所保证金的规则。

按照《上海期货交易所风险控制管理办法》，交易所对期货合约的交易保证金标准按照该期货合约上市交易的时间分段依次管理，针对天然橡胶期货，各期间交易保证金标准见表5－4。

表5－4　天然橡胶标准合约临近交割期时的交易保证金收取标准

交易时间段	天然橡胶交易保证金比例（%）
合约挂牌之日起	5
交割月前第二月的第十个交易日起	10
交割月前第一月的第一个交易日起	15
交割月前第一月的第十个交易日起	20

续表

交易时间段	天然橡胶交易保证金比例（%）
交割月份的第一个交易日起	30
最后交易日前二个交易日起	40

如果遇到特殊状况，可按交易所规定调整期货合约交易保证金。投资者应根据历史情况可以对持仓期间交易所保证金进行估计，提前做好资金计划。

（四）持仓期间损益

持仓期间损益的估计：由于期货是每日结算，期货账户若出现资金不足，期货公司会要求投资者及时补充资金，否则投资者会面临强制平仓的风险。由于筹措资金一般会需要一定的时间，所以投资者应一方面预留足够的交易保证金，另一方面还需要在期货账户预留足够资金，用于抵御未来这段时间持仓亏损。

八、如何评估套期保值效果？

套期保值效果评估常见的方法有比率分析法和预算价格法等。

比率分析法是通过比较被套期风险引起的套期工具和被套期项目公允价值或现金流量变动比率，以确定套期是否有效的方法。运用比率分析法时，企业可以根据自身风险管理政策的特点选择以累积变动数（即自套期开始以来的累积变动数）为基础比较，或以单个基期变动数为基础比较。如果上述比率在80%～125%范围内，可以认定套期是高度有效的。

预算价格基准法一般是将参与期货套期保值交易的各项成本和现货采购成本加上期货盈亏后，确定为公司的实际采购成本。该采购成本除以全年采购数量后的平均采购价格应稳定在公司的预算价格区间，这样可认为套期保值有效。

九、天然橡胶企业如何进行套期保值交易?

案例 5-1

天然橡胶消费企业期货套期保值实际操作案例 1

某胶带公司是国内一家较大规模的橡胶制品生产企业，在业内享有较高的知名度。该公司的橡胶制品生产原料主要是天然橡胶，每月用胶达1500余吨，天然橡胶的价格波动显然会给企业带来较大的风险。

（一）风险敞口分析

通过对公司的风险敞口分析，发现在 2017 年上半年天然橡胶期货大幅下跌过程中，公司在前期随用随买，充分享受了持续下跌带来的好处。当前主要面临原材料采购的风险以及原材料库存偏低的风险。如果未来天胶价格上涨，而此时工厂本身并没有足够的现货库存，想要增加现货库存，保证低价格原材料供应，此时有两种方法：一种是直接购买现货，扩张库存；另一种是在期货上进行买入套期保值。这样通过期货市场的杠杆效应，可以有效地减少资金的占用和库存的仓储管理费用，增加利润。

（二）行情研判

2017 年 6 月，经过对天然橡胶供需状况的分析，公司认为未来几个月天胶价格将以震荡向上为主。首先，主产国总开割面积增加，但产量受割胶积极性影响，增速受限，下游制品、乘用车、重卡市场相对第二季度环比重新上升，用胶企业处于去库存进行时，逐渐缩紧的供需面给出了期货的一定的上涨空间。其次，宏观面偏暖，社会融资宽松，利于期货上涨。

因此该公司在 A 期货公司进行实际的套期保值操作，通过 A 公司在上海期货交易所以 15200 元/吨的价格在 RU1801 合约上一次性建仓，买入 600

手（6000 吨）天然胶货合约，保证金 10%，权益 1200 万元。

（三）计算价格波动带来的保证金情况（见表 5 –5）

表 5 –5　　价格波动下的保证金情况

波动幅度（%）	价格涨跌（元）	动态结算价（元）	盈亏（万元）	权益（万元）	保证金峰值（万元）	资金调度
+20	3040	18240	+1824	3024	1094.4	保持初始权益，可转出 729.6 万元
+15	2280	17480	+1368	2568	1048.8	保持初始权益，可转出 319.2 万元
+10	1520	16720	+912	2112	1003.2	
+5	760	15960	+456	1656	957.6	
0	0	15200	0	1200	912	
-5	-760	14440	-456	744	866.4	
-10	-1520	13680	-912	288	820.8	需追加 532.8 万元
-15	-2280	12920	-1368	-168	775.2	需追加 943.2 万元
-20	-3040	12160	-1824	-624	729.6	需追加 1353.6 万元

（四）离场方式

1. 不进行交割。寻找机会在期货市场平仓 600 手 RU1801 合约，并在现货市场买入等量的 6000 吨现货。6000 吨现货可以是分批买入，每次卖平期货合约对应的数量应该与购买的现货是等量的。如果价格上涨，那么期货合约就有盈利，现货购买最终付出同样的亏损，二者相互抵消，起到了套期保值的作用。如果价格下跌，那么期货合约上的亏损与现货购买时的优惠抵消。如此便锁定 6000 吨全乳胶的成本为 15200 元/吨。

2. 进行交割。在 9 月前卖出 RU1801 合约，买入 RU1709 合约或 RU1711 合约并持有直到交割。如果 RU1709 合约交割结算价较之前建仓的价格上涨，那么现货付出的额外成本将被期货市场上的盈利抵消，最终结果是锁定 6000 吨全乳胶成本为 15200 元/吨。

3. 离场方式的选择。关键是要在买入现货的时候，衡量现货市场的价格和期货交割的成本哪一个更低，采用较低的那一种方式。例如，当现货价格比期货价格更低，那么可以在现货市场买全乳胶，然后平掉等量的多单。当现货价格比期货价格更高，那么可以持有期货合约至交割，以更低的成本买入全乳胶。如果期货持仓期间，发现现货价格更合适，可以继续采购现货平掉期货合约。

（五）平仓结果

之后天然胶现货、期货价格双双上涨，期货价格涨幅尤其巨大，公司以17200 元/吨的价格将手中的多头合约全部平仓，由于获利丰厚，除弥补现货市场的亏损外仍有盈利，具体过程和结果见表 5 - 6。

表 5 - 6　　套期保值盈亏情况

时　间	现货市场	期货市场
2017 年 6 月	现货价格 15100 元/吨	买进天然橡胶期货合约 600 手 期货买入价位 15200 元/吨
2017 年 8 月	买进天然橡胶现货 6000 吨， 现货价格 16900 元/吨	卖出天然橡胶期货合约 600 手 期货卖出价位 17200 元/吨
盈亏	亏损 1080 万元	盈利 1200 万元

该胶带公司通过在期货市场进行的买入套期保值操作，除完全弥补现货采购成本的提高之外，扣除现货持仓成本，还多盈利 60 万元。

（六）效果评估

1. 方式和操作简单，选择价位建立多单后，只需等待合适价位平仓，或者等待交割月来临进行交割。

2. 锁定未来几个月用量的成本为 15200 元/吨。

3. 所需资金规模大，将长期占用大量资金，且建仓的时机偏迟，价位偏高，一旦价格反向波动幅度较大，将承受的风险大，甚至需要追加大量保证金。

4. 现货库存量偏大，占用较大的资金成本和仓储成本。

5. 天然橡胶期货和全乳胶现货公允价值比率在 80% ~125% 范围内，可以认定此次套期是高度有效的。

案例 5－2

天然橡胶消费企业期货套期保值实际操作案例 2

案例 5－1 的胶带企业继续利用天然橡胶期货开展套期保值业务。2017 年 11 月，公司经营计划确定为保证公司 2018 年生产目标的实现，共需要采购国产天然橡胶（SCRWF）15000 吨。经过测算，公司认为如果全年 SCRWF 的采购价格维持在 15500 元/吨附近，可合理控制生产成本，给利润带来较好保障。

此时上海期货交易所天然橡胶期货活跃合约为 RU1805，价格在 17000 元/吨附近震荡。公司决定在 RU1805 上以市价 17000 元/吨一次性买入全年需求数量 15000 吨，按各月实际采购入库量平仓，剩余头寸逐步移仓来进行套期保值。表 5－7 以 2017 年 11 月入库 1500 吨为例，核算该月企业套期保值效益。

表 5－7　套期保值盈亏情况

时　间	现货市场	期货市场
2017 年 11 月	现货价格 16900 元/吨	买进天然橡胶期货合约 150 手 期货买入价位 17000 元/吨
2018 年 3 月	买进天然橡胶现货 1500 吨 现货价格 12500 元/吨	卖出天然橡胶期货合约 150 手 期货卖出价格 12600 元/吨
盈亏	盈利 660 万元	亏损 660 万元

如表 5－7 所示，企业于 2018 年 3 月在期货市场平仓亏损 660 万元，但同时现货采购成本也节约了 660 万元，在不考虑交易费用资金成本的情况下，2018 年 3 月基本达到了采购成本控制目标附近（案例 5－2 的现金流、离场方式、评估等略）。

十、企业套期保值控制与监管制度是怎样的？

为确保企业套期保值交易的基本理念与具体操作计划得到准确的贯彻与实施，企业必须建立一套完善的套期保值控制与监管制度。因其巨大的财务杠杆效应和快速的高额盈亏，期货交易很容易诱导套期保值交易者把套期保值交易转变成投机交易，为避免类似破坏套期保值计划的行为发生，必须建立严格的监管机制，为套期保值护航。

（一）企业套期保值控制与监管制度中的关键性原则

1. 套保交易方案需经审批：现货库存管理和研究小组提出套期保值及自营交易方案，由期货事业部提交保值执行委员会审批，交易方案的内容超过年度风险管理计划的，应提请保值决策委员会审批。

2. 确定并严格执行止损线和风险控制：确定套保交易的止损线并每日监控价格变化，一旦触及止损线则严格执行期货平仓。

3. 保持仓位稳定：在套保仓位建立之后，必须按事先确定的时间间隔进行仓位调整（如需要），以避免频繁调仓可能造成的大量损失。

4. 交易相关文档存档，包括：（1）套保交易及自营交易需要授权文件；（2）交易前的交易方案批准文件、交易审批单；（3）交易后的交易详情表、交易所相关凭证。

（二）公司的期货套期保值业务组织机构设置（见图5-4）

1. 套期保值决策委员会由总经理、负责财务的副总、负责风控的副总（建议放在监审部）、外部顾问等组成，具体职责如下：

（1）负责公司套期保值项目，进行全面管理。

（2）确定公司套期保值战略和明确套期保值目标。

（3）审查和修订公司期货套期保值业务管理制度，确保制度能够适应

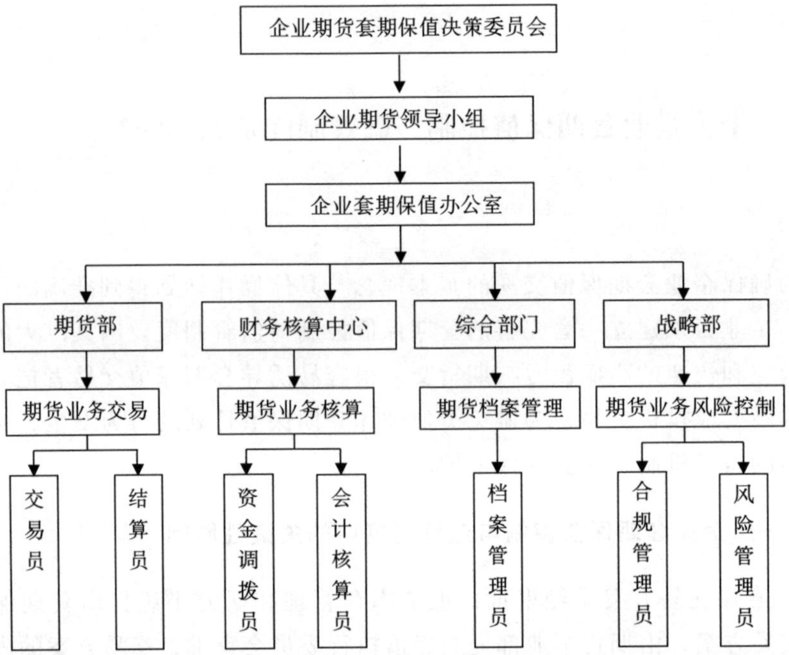

图 5-4　公司的期货套期保值业务组织机构设置

实际运作和新的风险控制需要。

(4) 审订并批准公司套期保值方案和风险控制原则。

(5) 处理止损、突发事件及锁定浮亏等重大事件。

(6) 考核执行效果。

(7) 及时和定期向公司董事会汇报公司期货套期保值业务的进展情况等。

2. 套期保值执行小组由交易员、风控员、财务组成，具体职责如下：

(1) 交易员：负责监控市场行情，识别和评估市场风险，拟订套期保值交易方案；严格按照公司风险情况进行期货交易，不得超量执行；完成交易后需向期货业务负责人反馈交易结果，每日检查，并且向公司风控员上报交易情况。

(2) 风控员：跟踪公司风险敞口变化，负责监督和跟踪每笔交易的执行情况，每日收盘后对期货交易账户进行结算检查，汇报至财务，并反馈给交易员；负责根据市场、资金情况以及期货头寸情况提出持仓预警；向套期保值决策委员会汇报风险控制工作。

（3）财务：负责根据交易记录和结算员结算记录完成收付款，负责期货业务资金计划的预审和报批、结算资金的调度和付款审核；负责结算单确认；监控期货账户盈亏情况，上报套期保值决策委员会；编制期货业务交易盈亏明细表，负责公司会计报表相关项目的核算和披露。

（三）公司的期货套期保值决策制度（见图5-5）

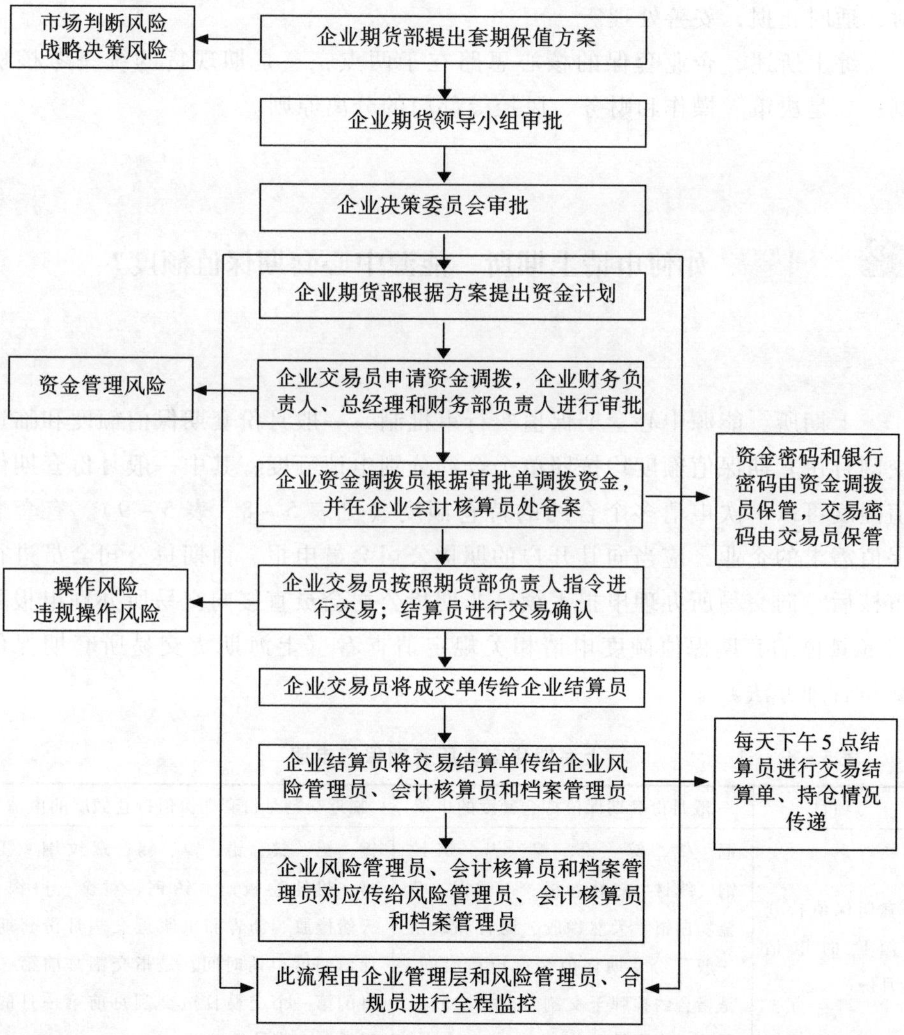

图5-5 企业套期保值决策制度

除日常工作外，企业决策制度还需要经过压力测试与极端市场风险控制。

压力测试：定期对突发的小概率事件（如市场价格发生剧烈波动，或者发生意外的政治、经济事件）可能造成的潜在损失进行模拟和估计，评估公司在极端不利情况下的亏损承受能力，然后制订相应预案，进行必要的流程改进。

极端市场风险控制：如遇市场发生重大变化，交易出现重大亏（盈）、交易资金支付超过企业资金承受能力等情形，及时建立应急机制，积极应对，适时止损，妥善处理。

综上所述，企业套保的核心思路在于两点：一是期现货的统一考核机制；二是决策、操作和财务、风控等部门的分离原则。

十一、如何申请上期所、能源中心套期保值额度?

上期所、能源中心套期保值实行审批制，一般月份套期保值额度和临近交割月份套期保值额度均按照单个合约分别申请额度，其中一般月份套期保值额度可以一次申请多个合约的持仓额度（见表5－8、表5－9）。有套期保值需求的企业，应当向其开户的期货公司会员申报，由期货公司会员进行审核后，向交易所办理申报手续；非期货公司会员直接向交易所办理申报手续（具体的套期保值额度申请相关规定请查看《上海期货交易所套期保值交易管理办法》）。

表5－8　上海期货交易所套期保值申请

项目	一般月份套期保值持仓额度的申请	临近交割月份套期保值持仓额度的申请
套期保值持仓额度的申请月份	铜、铝、锌、铅、镍、锡、螺纹钢、线材、热轧卷板、不锈钢、黄金、白银、天然橡胶、沥青和纸浆一般月份套期保值额度申请时间，是指合约挂牌至交割月前第二月的最后一个交易日	铜、铝、锌、铅、镍、锡、螺纹钢、线材、热轧卷板、不锈钢、黄金、白银、天然橡胶、沥青和纸浆近交割月份套期保值额度申请时间，是指交割月前第三月的第一个交易日至交割月前第一月的最后一个交易日之间

续表

<table>
<tr><th>项目</th><th>一般月份套期保值持仓额度的申请</th><th>临近交割月份套期保值持仓额度的申请</th></tr>
<tr><td rowspan="4">需提交的文件</td><td colspan="2">企业营业执照副本复印件</td></tr>
<tr><td>证明企业现货经营规模的相关材料，如当年或者下一年度生产计划书、最新经审计的年度财务报表、现货仓单、库存证明、加工订单、购销合同、拥有实物的其他有效凭证等</td><td>证明企业临近交割月份套期保值交易需求真实性的相关材料，如当年或者下一年度生产计划书、现货仓单、库存证明、加工订单、购销合同、拥有实物的其他有效凭证等</td></tr>
<tr><td colspan="2">套期保值交易方案（主要内容应当包括风险来源分析、保值目标、预期的交割或者平仓的数量）</td></tr>
<tr><td colspan="2">交易所要求的其他证明材料</td></tr>
<tr><td>申请时间</td><td>一般月份套期保值交易头寸的申请应当在该套期保值所涉合约交割月前第二月的最后一个交易日之前提出，逾期交易所不再受理该合约一般月份套期保值交易头寸的申请。会员或者客户可以一次申请多个合约的一般月份套期保值交易头寸</td><td>临近交割月份套期保值交易头寸的申请应当在该套期保值所涉合约交割月前第三月的第一个交易日至交割月前第一月的最后一个交易日之间提出，逾期交易所不再受理该交割月份套期保值交易头寸的申请</td></tr>
</table>

表 5－9　　　　上海国际能源交易中心

<table>
<tr><th>套期保值持仓额度的申请月份</th><th>一般月份套期保值持仓额度的申请</th><th>临近交割月份套期保值持仓额度的申请</th></tr>
<tr><td rowspan="3">需提交的文件</td><td>一般月份套期保值额度申请（审批）表，包括申请人基本信息、申请合约、一般月份套期保值额度需求及其他信息</td><td>临近月份套期保值额度申请（审批）表，包括申请人基本信息、申请合约、临近月份套期保值额度需求及其他信息</td></tr>
<tr><td colspan="2">企业营业执照副本或者公司注册证书等能够证明经营范围的文件</td></tr>
<tr><td>上一年度现货经营业绩或者最新经审计的年度财务报告</td><td>证明临近交割月份套期保值交易需求真实性的相关材料，包括当年或者上一年度生产计划书，与申请额度相对应的现货仓单、加工订单、购销合同、购销发票或者拥有实物的其他有效凭证</td></tr>
</table>

续表

<table>
<tr><th>套期保值持仓额度的申请月份</th><th>一般月份套期保值持仓额度的申请</th><th>临近交割月份套期保值持仓额度的申请</th></tr>
<tr><td rowspan="4">需提交的文件</td><td>当年或者下一年度现货经营计划，与申请套期保值交易相对应的购销合同或者其他有效凭证</td><td rowspan="2">—</td></tr>
<tr><td>套期保值交易方案，主要内容包括风险来源分析、保值目标</td></tr>
<tr><td colspan="2">非期货公司会员，境外特殊非经纪参与者申请的，提供套期保值交易管理制度</td></tr>
<tr><td colspan="2">能源中心要求的其他材料</td></tr>
<tr><td>申请时间</td><td>20 号胶期货合约的一般月份套期保值额度应当在该套期保值所涉合约挂牌至交割月份前第二月的最后一个交易日之间提出，逾期能源中心不再受理</td><td>20 号胶期货合约的临近月份套期保值额度的申请，应当在该合约交割月份前第三月的第一个交易日至交割月份前第一月的最后一个交易日之间提出，逾期能源中心不再受理</td></tr>
</table>

十二、如何进行企业套保会计处理？

期货投资一般被定义为“以公允价值计量，且其变动计入当期损益的金融资产和金融负债”中的“交易性金融资产”类别。而使用的保证金则被计入“存出投资款”或“其他应收款”，确认的平仓盈亏则计入“投资收益交易性金融资产”，持仓浮动盈亏则被计入“公允价值变动交易性金融资产”。

具体实施细节，可参考国家法律法规以及《期货会计实务（第二版）》（李军编著）等资料。

企业从事期货投资在执行企业会计制度的同时，尚需执行财政部的相关规定，具体如下。

1.《商品期货交易财务管理暂行规定》（财商字〔1997〕第44号）；

2.《关于商品期货交易财务管理有关问题的补充通知》（财商字〔1997〕第319号）；

3.《企业商品期货业务会计处理补充规定》（财政部财会〔2000〕第19号）；

4.《企业商品期货业务会计处理暂行规定》（财会字〔1997〕第51号）；

5.《货物期货征收增值税具体办法》（国税发〔1994〕第244号）；

6.《关于增值税一般纳税人期货交易进项税额抵扣问题的通知》（国税发〔2002〕第45号）；

7.《关于增值税一般纳税人期货交易有关增值税问题的通知》（国税函〔2005〕第1060号）。

十三、套期保值交易和交割之间的关系是怎样的？

首先明确交割的概念。商品期货交易的了结（即平仓）一般有两种方式：一是对冲平仓；二是实物交割。实物交割就是用实物交收的方式来履行期货交易的责任。因此，期货交割是指期货交易的买卖双方在期货合约到期时，对各自持有的到期未平仓合约按交易所的规定履行实物交割，了结其期货交易的行为。

交割环节是期货和现货之间联系的桥梁，也是保证期货价格最终与现货价格趋于一致的制度性保障。对于真正的套期保值交易是否包含交割这一环节，历来学术界有所争论，笔者认为，套期保值虽然经常涉及最终交割，但交割并非构成套期保值的必要一环。

标准的期货套期保值定义如下："套期保值是指经营者同时在期货市场上做与现货市场数量相同、时间相近但方向相反的交易，以规避价格的风险。"可见，套期保值是基于通过期货交易产生的盈利去弥补现货经营而产生的亏损，而期货交易的盈利又是通过合约的对冲来实现的，这里并不一定要牵涉实物交割。套期保值有三个要素：一是期现对应；二是时间对应；三是买卖对应。如果离开了这三个要素，那就不能称为套期保值，并非以是否进行最终交割来定义。

在现实操作过程中，经常遇到这样的情况：交易者本想进行投机赚把钱就走，可是却被套住了，最后只能被动地进入实物交割阶段；有的则是不管盈利与否，均不平仓，让头寸自动进入实物交割，取得仓单之后，也没有进入现货消费领域，而是又从期货市场上抛出，回笼资金。在这一过程中，他们并没有与相关的现货交易沾边，他们的期货交易既无期限可套，也无价值可保，充其量也只能算是在炒“仓单”，即对仓单进行投机。这样的实物交割与套期保值的原意相背离，显然不能当作是套期保值。

前已提及，在商品期货中，实物交割是衔接期货价格与现货价格的途径，实物交割也是制约期货价格过度投机、促使其向现货价格回归的有效方式。在正常情况下，当期货价格投机过度、期价脱离现货价格飙升时，交割库的库存将明显增加；当期价脱离现货价格暴跌时，交割库的库存将明显减少。所以，在交割库容允许时，保证合格仓单的注册，对实物交割量进行市场化管理，是保证期货市场正常运行的基础。只有一个健康的期货市场才可能实现其发现价格的基本功能，使现货商能够通过套期保值操作达到规避现货市场风险的效果。

对于实物交割和套期保值应该明确以下几点：

1. 套期保值不是实物交割，套期保值是操作主体在现货和期货上同时进行方向相反、数量相同的一种交易；而实物交割是多空双方平仓的方式之一，是多空双方通过期货交易所进行的现货交易。本质的不同决定了两者的不一致性。

2. 部分套期保值操作可通过实物交割方式来实现。在期货市场中，期货价格始终围绕现货价格产生波动，当期货价格过高时，就会吸引现货商进入卖出期货合约，买进现货；当期货价格过低时，就会吸引现货商进入买入期货合约。

例如在上海期货交易所的天然橡胶期货交易过程中，当国产一级标准天然橡胶现货价与期货价负向基差趋大时，有现货来源的贸易企业纷纷在远月期货抛空，此后出现两种操作情况：

第一，若现货价与期货价基差不变或缩小到一定程度，贸易企业买入平仓期货卖现货，锁定利润甚至多盈利，完成一般理论意义上的套期保值操作。

第二，若现货价与期货价负向基差继续放大时，为了达到保值效果，贸易企业就将天然橡胶现货注册成仓单，在期货合约进入交割日时进行实物交割，这时交易所按合约交割价自动将其持有的空单进行平仓，结算账户上体现为期货亏损；同时通过交易所的撮合，将仓单以交割价卖给买方，在仓单销售上实现盈利，该盈利数量扣除交割费与仓租等费用后与期货亏损几乎相抵，同样实现套期保值的目的。

在现货价与期货价基差不变的情况下，为了避开繁杂的现货销售过程，减少销售费用，避免应收账款的增加等原因，有些企业也采取了实物交割的方式来实现套期保值的目的。同样，当天然橡胶现货价与期货价正向基差趋大时，有天然橡胶现货消化能力的贸易商、消费企业会在远月期货买进。除了一般理论意义上的套期保值操作外，通过实物交割来实现套期保值也是一种有效方法。

十四、期货转现货的优势有哪些？

期货转现货（Exchange for Physicals，以下简称期转现）是指持有同一交割月份合约的多空双方之间达成现货买卖协议以后，变期货部位为现货部位的交易。期转现方法是：达成协议的双方共同向交易所提出申请，获得交易所批准后，分别将各自持仓按双方商定的平仓价格由交易所代为平仓（现货的买方在期货市场须持有多头部位，现货的卖方须在期货市场持有空头部位）；同时双方按达成的现货买卖协议进行与期货合约标的物种类相同、数量相当的现货交换。

对于参与期货保值业务的企业来说，期转现提供了一条高效、安全的现货交易通道。期转现具有以下几个优势：

（一）期转现有利于降低交割成本

期转现使买卖双方可以灵活地选择交货地点、时间和品级等。期转现能够满足加工企业和生产经营企业对不同品级货物的要求，加工企业和生产经营企业可以灵活选择交货地点，降低了交货成本，弥补了期货标准化过程中所失去的灵活性。

（二）期转现可以提高资金的利用效率

期转现既可以使生产、经营和加工企业回避价格风险，又可以使企业提高资金利用率。加工企业如果在合约到期集中交割，必须拿出几百万甚至几千万元一次把原料购进，增加了库存量，占用了大量的资金。期转现交易可以使加工企业根据加工需要分批分期地购回原料，减轻了资金的压力，降低了库存量；生产经营企业也可以提前和分批收到资金，用于生产。

（三）期转现比远期合同交易和期货交易更有利

远期合同交易可以回避价格风险，但面临违约问题和流动性问题以及被迫履约的问题。期货交易虽然没有上述问题，但在交割品级、交割时间和地点的选择等方面丧失了一定的灵活性，而且成本较高。期转现交易则成功地吸收了上述交易的优点，解决了面对的问题。

案例 5-3

天然橡胶期货期转现流程分析

假如甲方为买方（期货多头），乙方为卖方（期货空头），则有：

甲方购货价格 = 甲乙商定的交货价格 + 平仓亏损（或“-平仓盈利”）

乙方销货价格 = 甲乙商定的交货价格 + 平仓盈利（或“-平仓亏损”）

假如云南农垦产一级标准胶价格如下：期货价格 13800 元/吨，现货价格 13700 元/吨。

建仓价格：甲方：13600 元/吨；乙方：13950 元/吨。

假如商定平仓价格为 13750 元/吨，商定的交收天然橡胶价格为

13700元/吨，那么，甲方购买天然橡胶的价格为：13700－（13750－13600）＝13550（元/吨）；比现货市场价节约150元/吨。乙方销售天然橡胶的价格为：13700＋（13950－13750）＝13900（元/吨）；比现货市场价高200元/吨。这样的交易方式对买卖双方都有好处，并且货物的交收和质量都有很好的保证。

以上只是一个简单的例子，实际过程中牵涉更多的内容，比如，协议价差的确定、各种费用的比较等，所以更需要灵活地运用当时的具体条件。这里只是就其原理和规则进行了简要说明。

上海期货交易所期转现的基本流程见图5－6。

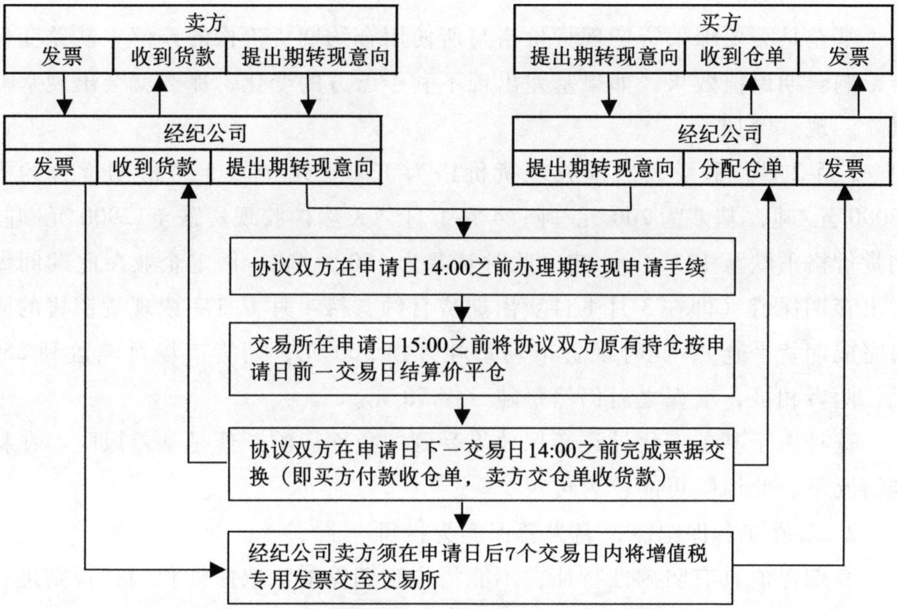

图5－6　上海期货交易所期转现的基本流程

十五、企业进行天然橡胶期货套期保值如何有效地控制风险？

（一）套期保值中出现的风险

1. 基差风险

基差是需要保值资产现货价格与所使用合约期货价格的差值。基差变化会影响套期保值效果，如果基差出现不利于己方的变化，那么就会出现基差风险。现举例如下：

3 月 2 日，假设天然橡胶现货价格为 13200 元/吨，5 月份期货合约为 13000 元/吨，基差为 200 元/吨；4 月 1 日，天然橡胶现货跌至12900 元/吨，期货价格下跌至 12750 元/吨，此时基差为 150 元/吨。假定企业在此期间做卖出套期保值（即在 3 月 1 日卖出期货合约，待 4 月 1 日完成现货销售的同时完成期货平仓），此时现货市场每吨亏损 300 元，期货市场每吨盈利 250 元，两者相抵，套保之后仍然每吨亏损 50 元。

这种由于基差变化导致套保效果受到的负面影响，便是基差风险。在特殊情况下，此风险可能较为可观。

2. 未遵守套保纪律，名为套保实为投机

套期保值具有防御性特征，不能指望套期保值赚取额外利润，否则进行期货交易就变成投机交易了。有些企业一开始是为套保而从事期货交易，但初战告捷后，觉得期货市场赚钱容易，以为自己对市场已十分熟悉，可以胜过投机者，于是偏离套保方向。也有的企业在期货头寸失利后仗着自己有实力，不甘认输，头寸越来越大，以致超过自身能力，成为十足的投机者，到最后栽了跟头才醒悟。

3. 管理制度风险

企业内控制度存在疏漏，可能出现操作风险。例如巴林银行破产案，由于内控系统存在重大漏洞，致使交易员里森在交易不利时，能够通过造假等行为蒙混过关，一直将亏损扩大到无法掩盖为止。这种由于制度缺陷而孕育出的不道德交易员给企业带来巨大风险的案例值得警惕。

4. 套保方案不够完善，出现意外束手无策

如果在套保中资金分配不够合理，尽管现货头寸有盈利，但现货收益在未来才能逐渐体现，而期货市场亏损必须及时用现金弥补，若之前计划不好，出现意外情况需要额外的现金保证，而此时企业却束手无策，则可能出现头寸被强平的风险。

5. 对交易制度、规则不熟悉以及缺乏经验和技能

国内期货交易所交易制度、规则相对简单，但如果对其不熟悉，也有可能出现风险。例如在 2008 年 10 月期货暴跌行情中，一些进行套保的企业由于没有向交易所申请套保头寸，结果被当作投机头寸强平掉，双边对冲变成了单边投机，导致损失。这种情况亦不可掉以轻心。

（二）套期保值风险应对

由上述风险可知，尽管相对于投机交易，套期保值风险相对较小，但同样存在风险，必须全方位做好准备工作，在科学、规范、风险可控的框架下开展套期保值业务。具体来讲，须注意以下几点：

1. 套期保值其目标是“保值”，两个市场需综合考虑

套保的目的是通过期货市场回避现货市场风险，并不是通过期货市场来赚钱，因此考虑套保效果，应该将两个市场综合分析。特别是出现套保之后现货市场因价格下跌而赚钱，期货市场因做多亏钱时，不能因此认为套保是多此一举的失败策略。因为套保目的是锁定风险，企业无法预知今后价格的涨跌，只要提前锁定了价格和利润空间，那套保就是成功的。

2. 必须坚持套保相关原则

原则是：种类相同或相近、交易方向相反、数量相近或相等、月份相近或相同。如果不能做到，那么该套保操作就背离了套保初衷，就成为投机。

3. 必须做好组织建设和制度设计

务必要做好相关制度设计，建立必要的组织体系，配备必要的人才和团队，设计并严格执行各项制度。通过科学、民主和优化决策的方法来决定交

易策略，用管理机制来保证投资决策的科学性、民主性以及投资资产的安全性、效益性。

4. 必须做好严格的资金管理

尽管套期保值风险小于投机交易，但期货交易的杠杆性质决定了资金管理的重要性。必须通过资金管理的艺术将风险最小化。

5. 必须关注基差风险

套保效果与基差变化密切相关，应尽可能在一个有利于自身的基差出现时进行套保，并确定合适的套保比例，建立合理的套保基差风险评估和监控制度；同时建立严格的计划，规避异常基差变化的风险。

延伸阅读

海胶集团：天胶产业稳产保供用好衍生品至关重要（节选）

2005 年，海南橡胶集团（以下简称海胶集团）承接了海南农垦全部的橡胶事业，肩负起保障国家战略物资安全的神圣使命，坚持做强做精做深做优中国天然橡胶产业，逐渐成为国内最大的集天然橡胶研发、种植、加工、橡胶木加工与销售、贸易、金融等为一体的大型综合产业集团。

记者了解到，近十年来由于天然橡胶价格低迷，产业发展面临重重困境，对海胶集团种植、生产板块均造成一定压力。在矛盾尤为突出的种植板块，人工成本抬升、胶工老龄化等问题越发明显。面对种种困难，海胶集团通过套期保值、海外布局、调整产品结构、定制化加工等一系列举措保障生产经营的稳定。未来随着海南自贸港政策的进一步落地，海胶集团将继续丰富产业运作模式，加大对离岸贸易、来料加工、金融增值等方面的布局。

一、产业面临诸多困难，急需风险管理工具

我国天然橡胶种植区域主要集中在云南和海南，多为边疆、少数民族地区和国家级贫困地区，脱贫攻坚是当地长期的重要任务。近年来天胶价格持续低迷，对胶农收入也产生了极大影响，“胶贱伤农”严重挫伤了胶农割胶的积极性，广大胶农一度陷入了“欲种不能、欲罢不忍”的两难境地，胶林弃割、改种的现象愈演愈烈。

在企业人士看来，国内橡胶产业链面临着诸多问题急需解决，产业企业对于风险管理的需求也十分强烈。随着国内天胶期货市场功能的发挥并逐步成熟，其在服务产业持续发展、帮助企业避险保值方面提供了重要助力。

天胶期货市场逐步成熟，产业发展喜得助力。截至2020年末，上期所天然橡胶期货年成交量达到1亿手（折合约10亿吨），成交总额达130967.09亿元（单边）。同时，上期所天然橡胶期货价格发现功能发挥有效，与境内外期现货价格关联紧密。2014～2018年，上期所天然橡胶期货与日本天然橡胶期货价格相关系数为0.91，与新加坡天然橡胶期货价格相关系数为0.88，与国内现货价格相关系数为0.96。值得注意的是，随着产业企业对衍生品认识的加深，其保值需求也越来越精细化。近年来，上期所不断丰富天胶衍生品序列，逐步形成了由天胶期货及期权、20号胶期货、天胶标准仓单及延伸仓单、天胶“保险+期货”组成的多层次天然橡胶衍生品体系，覆盖了境内外市场、产业链上下游企业的不同风险管理需求，橡胶产业链可使用的风险管理工具越来越丰富。除此之外，自2017年开始，天胶“保险+期货”项目在海南植胶区展开试点，胶农能够在橡胶低价时通过“保险+期货”获得赔付，既保证了收入的稳定性，又提高了割胶的积极性。目前，天胶“保险+期货”项目试点已经覆盖海南省、云南省的19个贫困区县，其中涉及国家级贫困县14个，为当地脱贫摘帽提供了重要支持。

2019年，海胶集团与上期所签署协议，启动天胶场外期权产业扶贫试点项目，这是对“保险+期货”运行机制的创新，也是对天胶价格保险业务创新的积极探索。

二、综合运用多种工具，全面管控市场风险

海胶集团上海龙橡公司常务副总经理李星告诉记者，由于天然橡胶兼具农产品和工业品属性，产业上下游存在明显的差异，并且期货、现货市场品种较多，不同市场和品种之间基差风险显著，因此，对于现货企业而言，合理有效地管控价格波动风险显得尤为重要。

作为国内天然橡胶行业的开拓者和领军者，海胶集团积极运用期货衍生品，全方位管控市场风险。从参与模式来看，主要是通过期货合约进行买入或卖出套期保值，规避库存贬值风险、对冲原材料价格波动风险；利用期货交割、天胶标准及延伸仓单交易辅助现货采销；探索利用场内、场外期权进一步进行精细化风险管控。

一方面是利用期货对冲现货价格波动风险、锁定销售利润；另一方面是利用期货进行库存管理，降低库存成本。李星表示，海胶集团是上期所天胶期货标的物“全乳胶”的主要生产商之一。上期所天胶期货与全乳胶现货价格变动有很强的正相关性，公司利用天胶期货可以有效对冲全乳胶现货价格波动的风险。

在企业已经熟练运用期货开展套期保值的情况下，期权的出现无疑丰富了企业的套保策略。一方面，期权拥有非线性、不对称性的折线形损益结构，并且期权合约数量更多，能够构建的策略更加丰富，可以满足不同情况下企业的多元化保值需求；另一方面，企业在买入期权进行保值时，只需要支付对应的期权权利金而不需要缴纳保证金，极大地降低了企业的资金压力。2020 年初，受新冠肺炎疫情蔓延的影响，各类资产价格大幅下挫，天胶也不例外。为了对冲现货价格下跌，海胶集团通过期货市场做空，并灵活设计期权组合，利用期货和期权的盈利来有效对冲现货部分的亏损，从而保证了整体盈利。

三、产融结合渐入佳境，企业参与不忘初心

随着天胶衍生品市场发展的不断成熟，产融结合不断深入，企业经营模式也并非一成不变。李星表示，经过近年来天胶产业上下游的优胜劣汰与兼并重组，天胶产业链已经走过了传统贸易、市场博弈、多维度对冲三个阶段，市场逐渐走向整合阶段。“目前，在银行、保险、信托和券商等金融机构多方参与下，橡胶产业逐渐步入供应链管理阶段，这个阶段主要交易产业链利润，部分产业参与者着重挖掘‘合纵连横’的渠道价值。”据他介绍，供应链金融业务具有“模式多样、服务广泛、灵活有效、接受度高”的特点，可有效嫁接期货、期权、点价等大宗商品交易模式，也可联合基金、融资租赁、商业保理提供一站式金融解决方案，又可联合银行、保险、信托和券商等金融机构将供应链金融资产证券化，提高供应链效率和稳定性，降低经营风险和运行成本。

结合上期所多层次的天胶衍生品产品体系，海胶集团尝试了“现货+期货+期权”的新型套保模式，主要具备以下四个优势：一是减少强平风险，增强套保有效性；二是场外期权结构灵活，更贴合企业的实际需求；三是有助于降低套保成本、增加收益；四是可以拓宽风险管理维度，提供多样化投资渠道。

在此基础上，企业还需要深入理解金融工具的内在规则和原理，建立健全期货业务内部管控制度和机制，合规谨慎使用衍生品，尤其在资金管理方面要更加精细化。在参与过程中，企业需要增强风险管控意识，搭建完善的内部风控体系，尤其是细化风控环节，使风控自上而下贯穿始终，实现事前把控、事中跟踪、事后评估的管控流程。

（资料来源：《期货日报》，2021 年 5 月 14 日，作者：董依菲）

自测题

一、判断题

1. 为了能够对冲现货经营风险，只有涉及天然橡胶交割标准品的企业才可以进行天然橡胶期货套期保值。（　　）

2. 我们公司有时根本不做套期保值，而有时却通过套期保值对冲所有头寸的风险，我们相机而动进行套期保值。（　　）

3. 期货交易风险太大，现货市场比较妥当，我们公司为了能够做大主业，降低风险，决定不进入期货市场套期保值。（　　）

4. 套期保值最重要的目的就是以期货市场的盈利来弥补现货经营的损失，所以要认真分析行情，务必做到期货盈利。（　　）

5. 因为套期保值直接涉及企业的经营效益，所以应该由企业法人代表来总负责，其他人和部门不应当参与，以免权责不分。（　　）

6. 期货套期保值业务需要单独核算绩效，也需要专门拨付资金，为了节省企业资金用于做大主业，应该尽量少参与期货市场。（　　）

二、选择题（不定项）

1. 以下（　　）企业参与天然橡胶期货套期保值以卖出为主。

A. 轮胎厂　　B. 民营橡胶加工厂

C. 三角带厂　　D. 气球加工厂

2. 天然橡胶消费企业进行期货套期保值交易需要（　　）参与。

A. 财务部　　B. 采购部

C. 人事部　　D. 后勤部

3. 涉胶企业经营活动中面临的主要风险包括（　　）。

A. 供求关系变化，价格上涨，下游商家采购成本提高；价格下跌，上游企业利润削减

B. 现货市场价格上涨，现货合同供货方有毁约的可能

C. 现货市场价格下跌，以高价购入的商品以低价卖出，可能会亏损

D. 现货市场价格下跌，库存价值下降，影响企业整体利益

4. 以下（　　）不是天然橡胶套期保值交易必须遵循的原则。

A. 交易方向相反原则　　B. 商品种类相同原则

C. 商品数量相等原则　　D. 期货账户盈利原则

5. 在现实的套期保值交易中，企业应该重点关注以下（　　）方面。

A. 期货账户的盈利　　B. 期货占用的资金

C. 期货头寸是否与库存动态匹配　　D. 资金成本

6. 某天然橡胶贸易企业做卖出套期保值，卖出 100 手期货合约建仓，基差为 -300 元/吨，买入平仓时的基差为 -500 元/吨，则该经销商在套期保值中的盈亏状况是（　　）。

A. 盈利 20000 元　　B. 亏损 20000 元

C. 盈利 100000 元　　D. 亏损 100000 元

7. 在天然橡胶期货市场，甲为买方，建仓价格为 11000 元/吨，乙为卖

方，建仓价格为 13000 元/吨，橡胶搬运、储存、利息等交割成本为 600 元/吨，双方商定平仓价格为 12400 元/吨，商定的交收橡胶价格比平仓价低 400 元/吨，即 12000 元/吨。请问期货转现货后节约的费用总和是（ ），甲方节约（ ），乙方节约（ ）。

A. 200 元/吨；400 元/吨；600 元/吨

B. 400 元/吨；200 元/吨；600 元/吨

C. 600 元/吨；400 元/吨；200 元/吨

D. 600 元/吨；200 元/吨；400 元/吨

8. 假设：7 月 1 日，天然橡胶现货价格为 20200 元/吨，某消费企业对该价格比较满意，希望能以此价格在 1 个月后买进 200 吨天然橡胶。为了避免将来现货价格可能上涨，从而提高原材料成本，该企业决定在上海期货交易所进行套期保值。7 月 1 日买进 40 手 9 月份天然橡胶合约，成交价格为 20500 元/吨。8 月 1 日当该企业在现货市场买进天然橡胶的同时，卖出 40 手 9 月天然橡胶合约平仓，成交价格为 20600 元。请问在不考虑佣金和手续费等费用的情况下，8 月 1 日对冲平仓时基差应为（ ）元/吨能使该企业实现有净盈利的套期保值。

A. ＞－300　　B. ＜－300

C. ＜300　　D. ＞300

9. 以下（ ）是天然橡胶期货套期保值交易中必须存在的步骤。

A. 行情分析　　B. 建仓

C. 平仓　　D. 交割

10. 期转现交易的优点包含（ ）。

A. 有利于降低交割成本

B. 提高资金的利用效率

C. 比远期合同交易和期货交易更有利

D. 一定比现货市场操作盈利更多

参考答案

一、判断题

1. × 2. × 3. × 4. × 5. × 6. ×

二、选择题（不定项）

1. B 2. AB 3. ABCD 4. D 5. BCD 6. A 7. C 8. B 9. BC
10. ABC

第六章

如何利用天然橡胶期货做套利

本章要点

本章介绍了套利的概念。读者通过本章学习，掌握天然橡胶期现套利、跨月正向套利、跨月反向套利的决策、操作、风控流程，达到熟练应用前面章节所学的分析方法的目的。

一、什么是套利交易？

（一）套利的概念

套利是指利用相关市场或相关合约之间的价差变化，在相关市场或相关合约上进行方向相反的交易，以期价差发生有利变化而获得利润的交易行为。

利用期货市场和现货市场之间的价差进行的套利行为，称为期现套利（Arbitrage）。利用期货市场上不同合约之间的价差进行的套利行为，称为价差交易（Spread）。价差交易又根据选择的期货合约不同，分为跨期套利、跨商品套利和跨市场套利。

在早期的时候，套利一般被认为是投机的一种特殊的交易方式，但是在国外却有着不同的观点。现在一些专家和学者开始认识到，套利其实是发挥特定作用的具有独立性质的与投机交易不同的一种交易方式。引用期货专家、金融期货创始人里奥·梅拉梅德在1977年发表的《市场流动性和套利技术》一书中的一句话："……从事期货交易的基本技术不外乎几种，交易所场内外的交易者交替使用这些技术。这些技术从广义上可区分为小投机商、普通投机者和套利者……期货市场套利的技术与做市商或普通投机者大不一样，套利者利用同一商品或同一商品在两个或更多合约月份之间的价差，而不是任何一个合约的价格进行交易。因此，他们的潜在利润不是基于商品价格的上涨和下跌，而是基于不同合约月份之间差价的扩大或缩小，以此构成其套利的头寸。"由此我们可以认识到，套利者是与投机者或者套期保值者都不同的一个独立群体。

（二）套利的特点

套利的特点可以概括为两点。这两点使得套利交易广为流传，市场使用率越来越高。

1. 风险较小。进行套利交易时，我们所买卖的对象是同类商品，或者是相关度相当高的商品，价格在运动方向上是存在一致性的，所以在很大程度上盈亏是对冲的。因此，套利可以为避免价格剧烈波动而引起的损失提供某种保护，其承担的风险较单方向的普通投机交易小得多。

2. 成本相对较低。因为套利的本质决定了做套利交易是同时买入和卖出两笔合约，所以从这个角度来说即是进行了两笔交易。但是一般为了鼓励不同期货合约间的套利，国外的交易所规定套利的佣金支出比单个合约的佣金支出要高，但是低于两个合约交易的两倍。同时，由于套利的较小风险，其在保证金的收取上也比一般的投机合约低，大大节省了资金，所以套利交易的成本相对较低。

另外，套利本身是利用期货价格之间不正常或者不合理的价差来进行，所以从一定程度上来说，套利的存在对期货市场的正常运行起到了非常重要的作用，它有助于使扭曲的期货市场的价格重新恢复到正常水平。

（三）套利的作用

套利在本质上是利用期货市场的一种投机，但与一般单方面的投机交易相比，风险较低，因为套利正是利用期货市场中有关价格失真的机会，并预测这种价格失真会最终消失，从中获取套利利润。因此，套利者的风险是有限的。套利行为的存在对期货市场的正常运行起到了非常重要的作用，有助于使扭曲的期货市场价格重新恢复到正常水平。究其功能可以概括为两点：一是套利行为有助于价格发现功能的有效发挥；二是套利行为有助于市场流动性的提高。

二、什么是期现套利？

期货套利分为期现套利和价差套利，而价差套利又可分为跨期套利、跨商品套利和跨市场套利。

期现套利是指利用期货市场与现货市场之间的不合理价差，通过在两个市场上同时进行反向交易，待价差趋于合理而获利的交易。

一般来说，期货价格是反映投资者对未来价格的预期，而现货价格即是当前的现货行情价格。两者之间存在一个合理的价差，该价差即是持有成本，包括融资利息、仓储费用和收益。而此价差的合理性主要反映在持仓费用方面（另外还包括入库费、质检费、运杂费以及资金的占用成本）。但现实中，价差并不单纯等同于持仓费。一些突发事件等因素，使得期货价格和现货价格的价差出现偏差，当这不合理价差出现的时候即是我们所说的期现套利的机会（基差，是某一个特定地点、某种商品的现货价格与同种商品的某一特定期货合约价格间的价差。简而言之，基差 = 现货价格 - 期货价格)。

期货与现货的价差高于“持仓费 + 相关交割费用 + 质检费 + 运杂费 + 资金成本（可以称为套利成本）”，套利者就可以通过买入现货，同时卖出相关期货合约，待合约到期，用所买入的现货进行交割。价差的收益扣除套利成本之后还有盈利，从而产生套利的利润。

三、期现套利的可行性条件是什么？

期现套利可以说是跨市套利的扩展，其本质是把套利行为发展到现货和期货市场两个市场。当某期货合约的价格出现偏离时，就会出现大量的无风险套利机会。当期货价格明显高于现货价格时，就会有套利者进行期现套利，买进现货并用于期货交割。期现套利有助于现货价格与期货价格的趋同。

在正向的市场中，未来某月期货价格往往比现在的现货价格高出一定的数值（基差），这高出的价格是包含了现货的“持有成本”和“风险溢价”。

所谓“持有成本”，是指商品的仓储成本加上为资产融资所需支付的利息再扣掉持有资产带来的收益。比如，卖家已经购买天然橡胶并储存在行业认可的仓库，某企业需要在 3 个月后购买天然橡胶 1000 吨。那么这 3 个月的时间内，天然橡胶的卖家需要承担 1000 吨天然橡胶的仓储费用以及自然损耗的风险，同时由于天然橡胶无法立刻兑现，卖家失去了利用这部分资金 3 个月投资获利的机会。因此，在远月期货交易中，买家需要向卖家支付这部分的费用。当然，随着时间的推移，期货越临近现货月，其所包含的费用就越低，价格逐步向现货靠拢。

所谓“风险溢价”，就是投资者为远期期货合约的不确定性支付一定的费用。因为期货交易的是投资者对未来商品价格的预期，商品市场是瞬息万变的，所以，未来的商品价格跟现在是有很大不同的，这就需要买家或卖家在期货价格上做出一定的让步，以达到供需平衡。

在正向期现套利中，“持有成本”可以用来支付企业的现货仓单成本，而“风险溢价”的高低则直接决定了期现套利的收益率。

这里用一个名词来概括：无套利区间。期现套利要考虑交易成本，在当期货价格高出现货价格一定幅度的前提下才可以进行正向套利，现货价加上这个幅度后的价格称为上边界；反之，期货价必须低于现货价一定幅度时，才可以进行反向套利，将现货价减去这个幅度后的价格称为下边界。

我们用图 6－1 来表述。

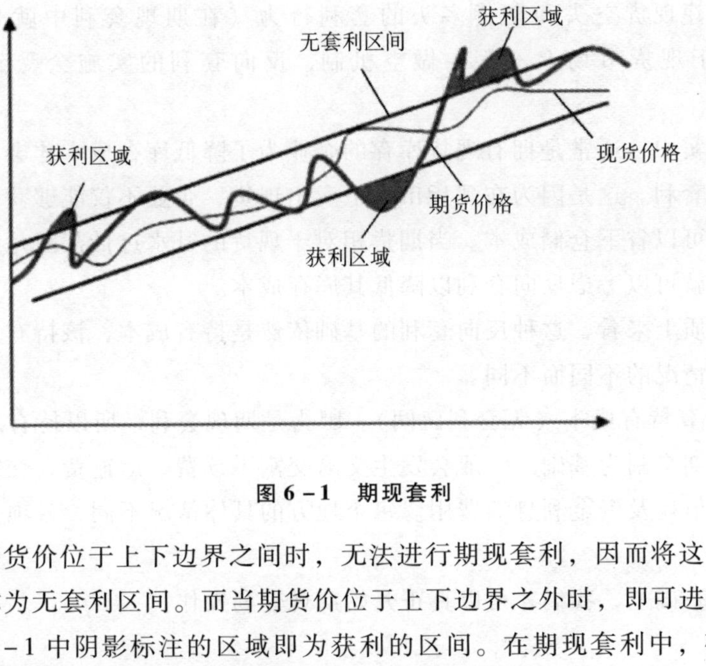

图 6－1　期现套利

当期货价位于上下边界之间时，无法进行期现套利，因而将这个上下边界之间称为无套利区间。而当期货价位于上下边界之外时，即可进行期现套利，图 6－1 中阴影标注的区域即为获利的区间。在期现套利中，确定了无套利区间，便可以据此监控期现价差，寻找套利机会。

进行期现套利之前需要先识别套利机会：

1. 应选择与企业经营有关的商品。企业投资者做期现套利，目的就是依靠自身的现货优势，结合期货市场的价格偏差获取超额利润。企业自营的商品可以保证购销渠道的顺畅，同时付出最低的成本，以便于达到最好的套利效果。

2. 判断套利的方向。

（1）正向套利。当期货价格大于现货价格时，称作“正向市场”。这时期货价格对现货价格的升水大于持有成本，套利者可以实施正向期现套利。即在买入（持有）现货的同时卖出同等数量的期货，等待期现价差收敛时平仓对冲套利头寸或通过最终交割结束套利。

正向套利比较适合商品的生产厂家和贸易中间商。因为正向套利如果进入现货交割阶段，则需要投资者卖出现货，生产厂家和贸易中间商的经营目的就是卖出商品，两者的交易流程是同方向的。

（2）反向套利。当期货价格小于现货价格时，称作“反向市场”。反向套利是构建现货空头和期货多头的套利行为（在期现套利中就是做空基差）。由于现货市场上不存在做空机制，反向套利的实施会受到极大的限制。

在现实中，通常是拥有现货库存的企业为了降低库存成本才会考虑实施反向期现套利。这是因为在现货市场上卖出现货，企业不仅能够获得短期融资，而且可以省下仓储成本。当期货相对于现货的升水过低甚至是贴水的时候，企业就可以考虑反向套利以降低其库存成本。

从本质上来看，这种反向套利的基础依然是持有成本，该持有成本会因企业实际情况的不同而不同。

3. 计算持有成本（无套利区间）。因为是期现套利，所以持有成本以持有现货到期交割为基础。一般会发生交易交割手续费、运输费、交割费、仓租费、增值税及资金利息等费用。每个地方的具体情况不同，各项费用往往各异。

在此基础上，我们才可以真正开始期现套利操作。

案例 6－1

天然橡胶期货的期现套利案例

以 2019 年 12 月 6 日为例，彼时橡胶期货 RU2001 合约价格为 12950 元/吨，昆明库全乳胶现货价格为 12100 元/吨，期货比现货价格高

850 元/吨。套利者根据上海期货交易所交割费用情况和现货市场流通费用情况认为期货价格已高于现货价格加上交割费用，可以进行期现套利。中间产生的费用分析如下：

1. 交割成本。现货入库和交割的时候会产生相关费用。入库的时候考虑用卡车散货入库，其入库费用为 30 元/吨；然后是申请质检注册仓单，其检验费用约为 15 元/吨。

2. 仓储成本。入库完成后就要开始支付每天 1.3 元/吨的仓储费用。假设当天现货直接能够结清并入库（现实中存在诸多原因，可能中间有一段时间的耽搁），那么在计算仓储费用的时候，时间是从当天（2019 年 12 月 6 日）开始计算，到 2020 年 1 月 22 日止结束（15 日为最后交易日，交易之后上海期货交易所实行 5 日交割制度，遇到 2020 年 1 月 18 日至 19 日节假日顺延，即最后仓储费用结束为 2020 年 1 月 22 日）。中间按天数计算仓储费用为：$1.3 \times 48 = 62.4$（元/吨）。

3. 捣短运输成本：昆明当地有上海期货交易所指定的定点交割仓库，全乳胶现货可以直接运输到上海期货交易所指定的定点交割仓库。其中捣短费用假定为 30 元/吨。

4. 资金占用成本。如果按照目前企业融资成本中值 5% 来测算资金占用成本，可以得出现货天然橡胶占用的成本为：

$12100 \times 5\% \times 48/365 = 79.56$（元/吨）

天然橡胶期货合约占用的成本（按交易所基础上加 2 个点计算，即 10%）为：

$12950 \times 10\% \times 5\% \times 48/365 = 8.52$（元/吨）

因此资金的总占用为：$79.56 + 8.52 = 88.08$（元/吨）

5. 交割贴水 480 元/吨。

6. 相关税费。套利和套期保值的时候还涉及增值税，这也是套利中不可或缺的一部分，但是由于相对比较复杂，而且可以通过相关方法来规避，因此这里不作详细介绍，因而这方面费用也省略，具体请参阅期货的财务处理。

综上所述，通过以上各项费用的分析，可以得出期现套利总费用为：

$30 + 15 + 30 + 62.4 + 88.08 + 480 = 705.48$（元/吨）

在此分析的基础上，我们可以看到，当初进行期现套利的时候毛利润为850元/吨，而相关费用为705.48元/吨，所以，最后把现货进行期货交割之后的净利润为144.52元/吨，这样投资者就可以进行套利。

但是这里需要注意的是，现货市场流通过程中的费用情况会因为时间、地点、对象的不同而发生变化，期货市场的交割费用也将随着现货市场规范化程度的提高和交割制度的不断完善而向着逐步降低的方向发展。

四、天然橡胶期现套利需要注意的问题有哪些？

（一）交割商品必须符合期货合约设计和质量要求

把握住商品的质量标准，是期现套利的重中之重。因为交割是实现期现正向套利的基础，一旦这个基础被破坏，那么将会面临在期货市场上巨大的敞口风险。

就国内的天然橡胶期货而言，它的交割品级有着严格的限制。

1. 上海期货交易所对天然橡胶期货交割的标的：

（1）国产天然橡胶（SCRWF）实行品牌交割：质量符合国标GB/T8081－2018，且经过上海期货交易所认可的注册品牌（符合要求的可交割品牌由交易所另行公告）。国内交割品牌目前一共设立8个品牌，具体请参阅附录1。

（2）进口3号烟胶片（RSS3）实行产地认证交割：内在质量和外包装符合国际橡胶品质与包装会议（IRQPC）制定的《天然橡胶等级的品质与包装国际标准（绿皮书）》（1979年版）标准的，泰国、马来西亚、印度尼西亚、斯里兰卡等国生产的3号烟胶片（RSS3）。因而在购买现货的时候一定要购买符合国内期货交割标准的现货，且要了解清楚现货天然橡胶的生产日期，因为期货仓单有有效期。

2. 上海国际能源交易中心对20号胶期货交割的标的：

20 号胶实行交割商品注册：用于实物交割的 20 号胶，质量应当符合上海国际能源交易中心 20 号胶质量标准。组成每一标准仓单的 20 号胶，应当是上海国际能源交易中心的注册商品，并附有相应的质量证明。组成每一标准仓单的 20 号胶，应当是同一生产企业（工厂）生产的同一品牌、同一包装规格的商品。20 号胶期货的交割注册商品来自 4 个国家 25 家企业的 37 家工厂，具体请参阅附录 2。

另外，在交割单位上国内实物交割以每手或其整数倍交割，购买现货数量尽可能以期货交割单位为基准，以避免不必要的支出。

（二）要保证运输和仓储

注册仓单的时间点对套利的效果起到很重要的作用。既不能过早地把货物运到交割仓库，货物运到得过早，则仓储费高，利润会大打折扣；也不能过晚，如果过晚，来不及注册仓单进行交割的话，结果更糟糕。所以这对投资者的运输条件和仓库的发货装车能力要求非常高，需要投资者以及期货公司与仓储部门有长期的良好合作关系，要做到计划周密，使交割商品能够装得上、运得出。因此合理地、有计划地安排入库对期现套利利润最大化有着至关重要的作用。

（三）需要严密的资金管理

要保证套利交易成功，就要对所有环节所发生的费用有一个严密的预算，特别是对仓单成本要计算周密；另外，财务安排上要充分预留期货保证金可能的追加。特别是近 10 年来天然橡胶期现货套利业务发展迅速，期现套利模式，特别是以非标品为现货标的套利已成为从事天然橡胶贸易公司的主流业务模式，交易通道越发拥挤，在一些较大的行情波动面前做不好资金管理，是要付出较大的代价的。

案例 6-2

天然橡胶 RU2101 合约风险案例分析

2020 年初由于新冠肺炎疫情在国内外大面积蔓延，商品市场一度十分恐慌，橡胶价格创下了 2015 年以来的低点。随着 2020 年新割季较低的开割价格、比较不利的天气问题、浓缩乳胶生产对原料胶水的分流严重，在年中市场普遍认为当年年度的全乳胶产量将减产 30% ~50%，而老全乳由于替代种植指标下放推迟及深色胶进口数量偏少，产生深浅色替代的原因而消化较快，再加上各个国家为了应对新冠肺炎疫情而制定的一系列的货币及财政刺激政策，导致橡胶在 2020 年 4 月初见底后持续震荡反弹。套利盘按照以往 09 合约上非标价格一般会升水盘面的经验，认为到 09 交割前 -700 元/吨的基差入场持有到 09 合约交割会有 300 ~400 元/吨的利润。于是在 09 合约震荡反弹过程中不断加仓期现套利，但期现基差并未在 8 月份出现回归，套利盘被裹挟到 2101 合约上继续战斗。资金多头抓住 RU2101 合约上无货可交的情况，2020 年国庆节后跳空拉涨，直接拉到 14000 元/吨以上，且此时胶水价格的炒作已愈演愈烈，看涨热情高涨，套利盘开始不断补保且资金链开始紧张，多头更是将远期合约打贴水让套利盘没了展期的退路；到 10 月 28 日橡胶涨停收盘，此时套利盘面临爆仓风险，一些小的套利盘和过大仓位的套利盘不得不止损出局，期现基差被拉到历史极值附近，非标基差到 -3500 元/吨左右。若不是交易所出面干预控制风险，很多企业会在此次上涨中被爆仓（见图 6-2）。

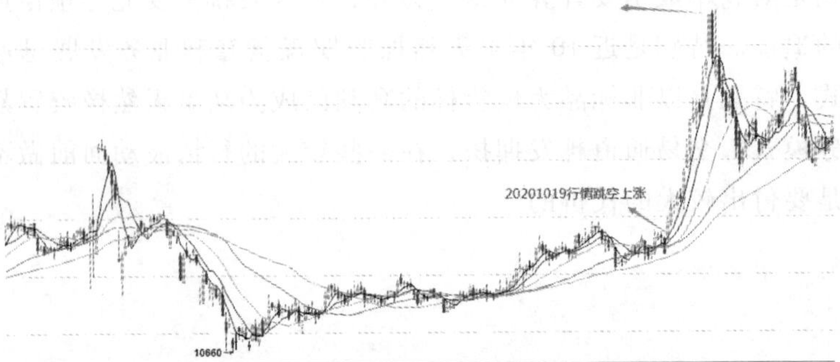

图 6-2　2020 年天然橡胶非标套利盘风险案例

图片来源：博易云软件。

五、什么是天然橡胶期货的跨期套利？

跨期套利是套利交易中最普遍的一种，利用同一商品但不同交割月份之间正常价格差距出现异常变化时进行对冲而获利，又可分为牛市套利（bull-spread）和熊市套利（bearspread）两种形式。例如，在进行天然橡胶牛市套利时，交易所买入近期交割月份的天然橡胶合约，同时卖出远期交割月份的天然橡胶合约，希望近期合约价格上涨幅度大于远期合约价格上涨幅度；而熊市套利则相反，即卖出近期交割月份合约，买入远期交割月份合约，并期望远期合约价格下跌幅度小于近期合约的价格下跌幅度。

跨期套利还可理解为指同一会员或投资者以赚取差价为目的，在同一期货品种的不同合约月份建立数量相等、方向相反的交易部位，并以对冲或交割方式结束交易的一种操作方式。跨期套利属于套利交易中最常用的一种，实际操作中又分为牛市套利、熊市套利和蝶式套利。跨期套利有几个主要的因素：

1. 近期月份合约波动一般比远期活跃。
2. 空头的移仓使隔月价差变大，多头的移仓会让隔月价差变小。
3. 库存是隔月价差的决定因素。
4. 合理价差是价差理性回归的重要因素。

跨期套利又称持仓费用套利、跨作物年度套利，或新老作物年度套利。一般指在同一期货交易所内买进某一作物年度内期货合约的同时，卖出该作物下一年度内的期货合约，利用作物有同一生长年度期货合约的价差变化获利。这是一种常用的农作物期货套利交易的形式。农作物生长年度一般以 8 月份为界，8 月份以前为旧作物年度，从 9 月份开始为新的作物年度。由于不同作物的生长期不同，新旧作物的月份划分也往往稍有差异。

通过天然橡胶期货价格数据和天然橡胶现货价格数据的对比，近年来天然橡胶 RU 主力合约分别为 1 月、5 月、9 月合约。一般在进入交割前第二个月后，持仓量开始迅速减少。随着持仓量的减少，主力资金从该合约逐渐转移到下一个主力合约。

天然橡胶因其独特的季节性特征和工业品特性，在其动态行情中，出现了大量的套利投资机会。

例如，当发现天然橡胶期货合约 Ru1701 和 Ru1705 之间存在着不合理的价差，2016 年 12 月 7 日 RU1701 价格为 18395 元/吨，RU1705 价格为 19030 元/吨，然后套利投资者买入 1 月份天然橡胶同时卖出 5 月份天然橡胶合约，因 RU1705 合约的价格减去 RU1701 合约的价格价差为635 元/吨。为了便于对价差的变化进行比较，在计算平仓时的价差时，也要用建仓时价格较高合约的平仓价格减去建仓时价格相对较低的合约的平仓价差来进行计算。在前面的例子中，套利者建仓之后，当年 12 月 27 日两个合约价差为 540 元/吨，如果套利者当日同时平仓两合约，则可盈利 95 元/吨。套利交易是利用相关期货合约间不合理的价差来进行的，意味着我们的预测是预期价差会修复，这会直接影响到套利交易的盈亏和套利的风险。具体来说，如果套利者认为目前某两个相关期货合约的价差过大时，他会希望在套利建仓后价差能够缩小；同样，如果套利者认为目前某两个相关期货合约的价差过小时，他会希望套利建仓后价差能够扩大。

价差的扩大和缩小，不是绝对值的变化，而是统一用建仓时价格交割的一边减去价格较低的一边所计算的价差，通过比较建仓时和当前（或平仓）价差数值的变化，来判断价差到目前为止（或套利结束）是扩大还是缩小。如果当前（或平仓）价差大于建仓时价差，则价差是扩大的；如果相反，则价差是缩小的。

六、天然橡胶期货跨期套利的可行性有多大?

跨期套利是对同一交易所、相同商品、不同交割月份之间的期货合约进行套利操作，其本质是不同交割月份期货合约之间的不合理或者被扭曲的差价。所以要判断跨期套利可行与否，首先要对某期货合约的不同交割月份之间的相关关系作一个深入的剖析。

小贴士

在交易所上市交易的期货合约都有两个以上的交割月份，其中，离现货交割月近的称为近期合约；离现货交割月远的称为远期合约。当远期合约价格大于近期合约价格时，称为持仓费市场或正向市场；当近期合约价格大于远期合约价格时，称为逆转市场或反向市场。无论是正向市场还是反向市场，随着交割月的临近，其与现货的价差会逐步缩小，但近期合约价格和远期合约价格相互间不存在缩小的必然性。

在正向市场中，远期合约价格高于近期合约的价格，这里相互间最重要的价差是由持仓费因素决定的，当然还有资金的占用成本这两大块。而反向市场往往是由于近期需求相对过大或近期供给相对短缺，导致近期合约的价差幅度不受限制，价差大小取决于近期供给相对于需求的短缺程度，以及购买者愿意花多大的代价换取近期能得到的商品供给。

所以从上面来看，跨期套利可行性最重要的是分析两者之间的关系，以及相互之间所产生的费用。

由于天然橡胶期货的交易气氛一直较浓，短期之内的价格会出现扭曲，这为跨期套利交易者提供了良机。正向套利是指买进近月合约的同时卖出远月合约，当远月合约减去近月合约的差价大于近月合约仓单存放至远月合约交割时所发生的所有费用时，此时进行正向套利没有风险。

如果我们仔细观察，在正向的市场中，未来某月期货价格往往比现在的现货价格高出一定的数值（基差），这高出的价格不是空穴来风的，而是包含了现货的“持有成本”和“风险溢价”。

在正向期现套利中，持有成本可以用来支付企业的现货仓单成本，而两个合约之间价差的高低则直接决定了期现套利的收益率。

假设卖出的远期合约价格为 B，买入的近期合约价格为 A，$X = B - A$。天然橡胶跨月（假设 2 个月）套利交割所涉及的具体费用如下。

一是资金占用成本。资金占用成本计算比较复杂，随着时间的临近，保证金需要不断提高，直至近月合约到期交割，缴纳全额款项，然后远月合约保证金不断提高直至远月合约到期交割，中间产生的费用可以计算，但是相对复杂，这里不作具体介绍，可以假设一个费用Y。

二是交割交易费用。近月合约到期交割支付相关交割交易等费用，然后支付持仓费用直至远月合约到期交割，再次支付相关交割交易费用，如果中途涉及3个月定期质检，还需支付质检费用。这里把这类费用设为Z。

因此，正向套利需要满足：$\Delta = X - Y - Z = B - A - Y - Z > 0$

在满足上述条件下，进行正向套利为无风险套利。

案例6－3

天然橡胶期货的跨期套利案例

某套利者在12月7日同时买入第二年1月份并卖出第二年5月份的天然橡胶期货合约，价格分别为18395元/吨和19030元/吨。假设到12月27日，第二年1月份和第二年5月份价格为17390元/吨和17930元/吨，则价差是如何变化的呢？

首先要分别计算出建仓时的价差和12月7日的价差，因为建仓时第二年1月份价格低于第二年5月份价格，我们统一用第二年5月份减去第二年1月份价格，可以得出建仓时和12月27日的价差分别为635元/吨和540元/吨，根据两者大小，可以判断12月27日的价差相对于建仓时是缩小了。我们用图6－3来表示。

如果12月27日走势不是上述这样，而是第二年1月份和第二年5月份的价格变为17100元/吨和17800元/吨，则价差相应的就应该是用5月份的价格减去1月份的价格，因此，此时的价差是700元/吨，此时平仓的话价差是扩大的，就是相当于套利亏损。

假设到了12月27日，价格发生突变，第二年1月份和5月份的价格分别变为18700/吨和18600元/吨。

套利者面临的价差变化是：建仓时价差为5月份价格减去1月份价格，

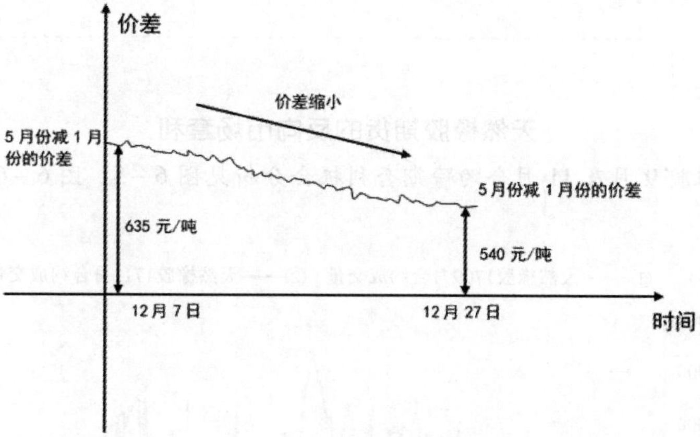

图 6－3　价差变化示意图

等于 635 元/吨；至 12 月 27 日，则仍需要按 5 月份价格减去 1 月份价格计算，价差变化为－100 元/吨，价差缩小了（注意不能根据绝对值来判断）。我们用图 6－4 来表示。

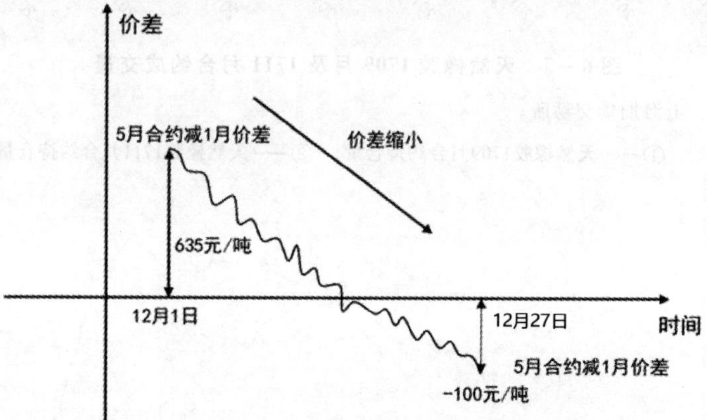

图 6－4　价差变化示意图

上述例子中，最后的盈亏是应该分两个合约来计算：

第二年 1 月份的天然橡胶期货合约：盈利＝18700－18395＝305（元/吨）

第二年 5 月份的天然橡胶期货合约：盈利＝19030－18600＝430（元/吨）

所以最终的套利结果为：2 个月的盈利之和＝735（元/吨）

案例6－4

天然橡胶期货的反向市场套利

天然橡胶9月及11月合约跨期套利机会分析见图6－5、图6－6、图6－7、图6－8。

图6－5　天然橡胶1709月及1711月合约成交量

数据来源：上海期货交易所。

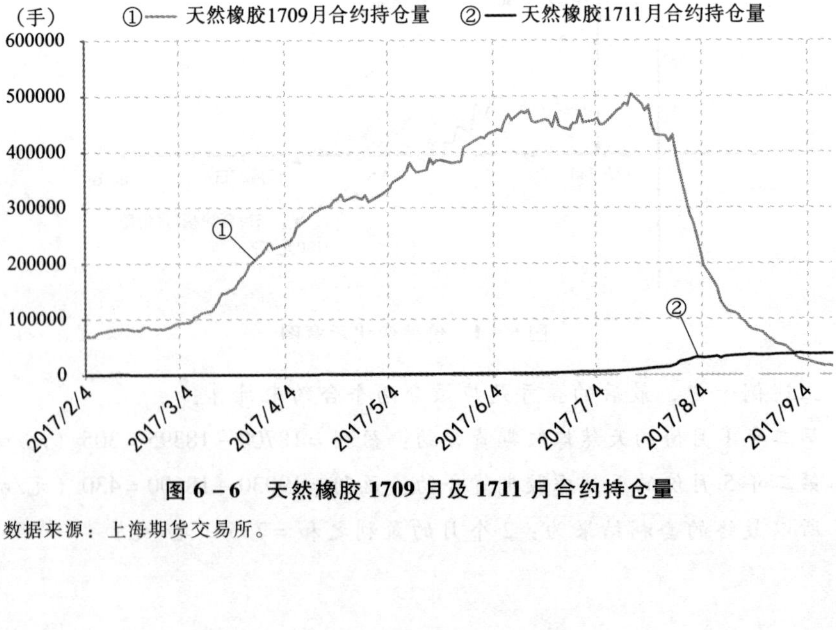

图6－6　天然橡胶1709月及1711月合约持仓量

数据来源：上海期货交易所。

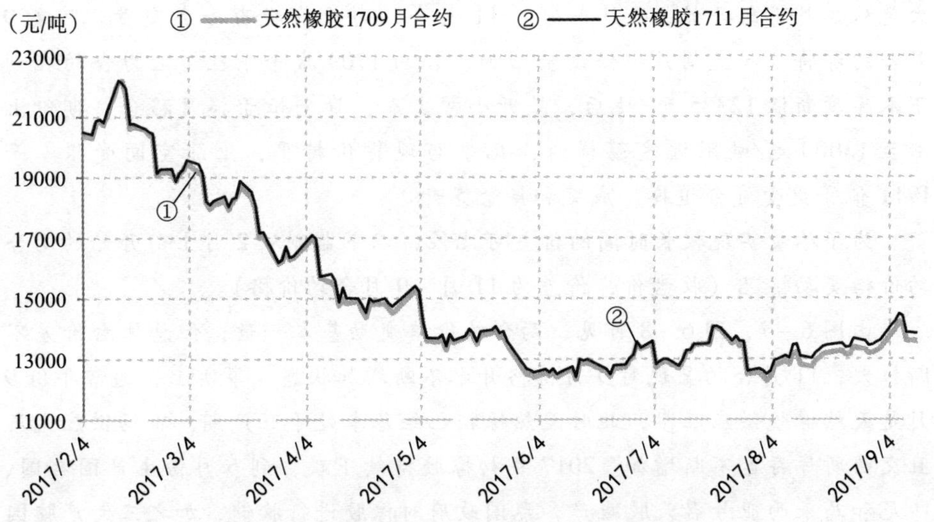

图 6－7 天然橡胶 1709 月及 1711 月价格变化

数据来源：上海期货交易所。

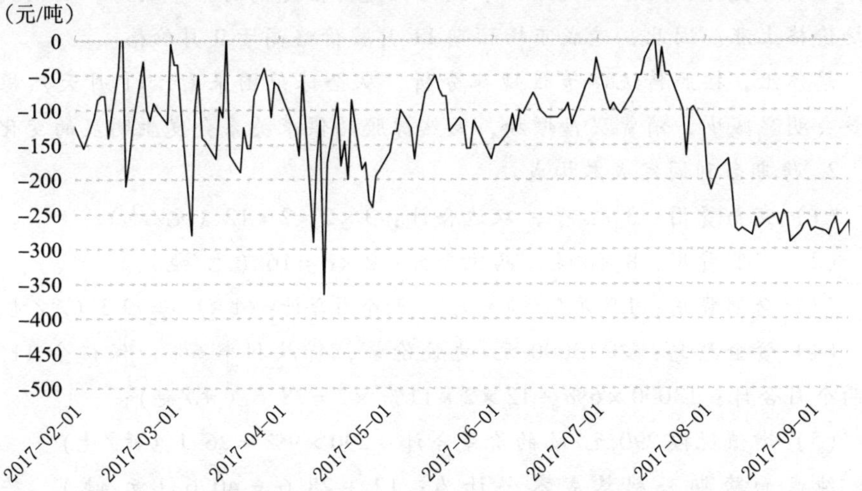

图 6－8 天然橡胶 9 月及 11 月价差变化

数据来源：上海期货交易所。

1. 天然橡胶 Ru1709 和天然橡胶 Ru1711 运行状况。

天然橡胶 Ru1709 合约从 4 月份开始逐渐活跃，而 11 月合约交易量的放大是从5月下旬开始，4月中旬的11月合约每天有数百手成交量。随着9月合约即将步入交割月，保证金增加，合约1709减仓下挫。主力合约在创下本年度新低12325元/吨后，展开小幅上涨，资金忙于换月移仓。期价上涨至13000元/吨附近震荡横盘，几乎与现货价持平，上涨空间受限。而1711似乎更受资金追捧，成交和持仓齐升。

为了尽量实现较长时间的价差可比性，以下监测从2月上旬开始的两合约价格变动情况（收盘价，价差为11月～9月合约价格）。

由图6－7、图6－8可见，两合约价格变动基本一致，但总体看价差不断拉大，11月合约呈现对9月价格升水不断增加状态。事实上，通常年份9月是天然橡胶供应旺季，此时天然橡胶已经基本处于旺产期，市场供应充足且交易所库存也不断增加。2017年初橡胶持续下跌，到6月份主产国泰国、印尼和马来西亚号召天胶减产，泰国政府对橡胶进行收储，加之三大产胶国缩减出口量，使得国外天胶供应有所减少，国外橡胶原料价格支撑国内天胶市场价格。而美国对于中国出口轮胎“双反”政策取消，是国内轮胎市场的一个利好支撑，对于天胶原料来说无疑是价格走高的一个利好，国内天胶市场价格上涨。因此，造成市场预期11月胶价略高于9月价格。

总体上，按照传统季节性规律分析，从全球范围来看，11月天然橡胶产量会明显减少，消费买盘增加，天然橡胶的供求关系会发生明显的变化。

2. 跨期套利固定成本构成。

（1）交易费用：3元/手，双边合计：$3\times2\times2=12$（元/吨）；

（2）交割费用：8元/吨，两次合计：$2\times8=16$（元/吨）；

（3）仓储费用：1.3元/（吨·天），两个月合计：$61\times1.3=79.3$（元/吨）；

（4）资金利息：以13000元/吨胶价计，贷款利率6%，保证金11%，则两个月合计：$13000\times6\%\div12\times2\times11\%\times2=28.6$（元/吨）；

（5）增值税按290元/吨的价差合计：$290\times9\%=26.1$（元/吨）。

纯盘面跨期套利总成本合计为：$12+28.6=40.6$（元/吨）。若在Ru1709与Ru1711价差－50元/吨时入场，可以实现净盈利：$290-50-40.6=199.4$（元/吨）。

如果涉及交割套利，需要加上交割费用、仓储费用、现货资金利息、增值税等，利润会减少。当然，反套的风险较大，要做好风控。

3. 跨期套利可行性说明及操作策略。基于掌握的情况，9 月与 11 月天然橡胶市场均存在一定的利多和利空因素，9 月价格是否一定会高于 11 月价格并无定论。仅从供应情况看，割胶情况受困于雨季与往年有所不同。但欧、美、日汽车生产季节性较强，11 月为传统的消费旺季，橡胶消费量大，这可能使 11 月国际天然橡胶价格有所走强。截至 8 月 25 日收盘，Ru1711 相对 Ru1709 升水 290 元/吨，且前者成交量超过后者，逐步成为主力合约之一。这种高升水情况相对于历史是反常的（见图 6－9）。

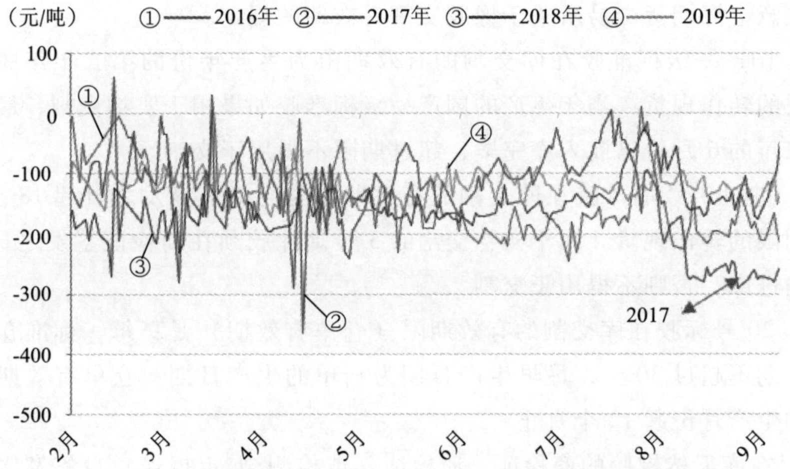

图 6－9　天然橡胶各年 7 月间 9 月与 11 月合约价格升贴水

数据来源：上海期货交易所。

考察自 2016 年开始，上海期货交易所 9 月与 11 月价格在 7 月份均处于远月高于近月的正向市场状态，从 2019 年开始，11 月大幅升水 9 月的情况得到一定的改变。

七、天然橡胶期货跨期套利需要注意的相关问题有哪些?

(一) 正向市场中需要注意的问题

注意上海期货交易所关于橡胶交割有效期的规定。

1. 国产一级标准胶在库交割的有效期限为生产年份的第二年年底,超过期限的转作现货。当年生产的国产一级标准胶如果用于实物交割,最迟应在第二年的6月份以前入库完毕,超过期限不得用于交割。

2. 进口3号烟片胶在库交割的有效期限为商检证签发之日起18个月,超过期限的转作现货。用于实物交割的3号烟片胶须在商检证签发之日起6个月内进库,否则不得用于交割。

3. 20号标胶在库交割的有效期限(仓单有效期)是:每一标准仓单的生产日期不超过30天,最早生产日期为仓单的生产日期;仓单有效期为自标识的生产月份起12个月止。

4. 在库天然橡胶的商检证、质检证(或检测/鉴定报告)自签发之日起90天内有效。期满后,其相应的商品须重新检验合格后方可用于下次交割。

5. 顺畅高效的资金周转。由于涉及实物交割,在交割日需要提交全部货款,对短期资金的需求很大。但是在交割日之前,只需要较少的保证金。因此确保短期资金周转灵活,能大大提高套利资金的效率。

6. 期货公司的高效协作。选择规范、高效尤其是有成熟套利操作经验的期货公司,使具体操作流程便捷顺畅,能更好地把握套利机会,并防范操作中可能出现的其他意外。

7. 天然橡胶属于小品种合约,需要控制好头寸数量,防范流动性风险。

8. 增值税风险的防范。根据我国税收法规,期货交割中计税价格依据为期货最后交易日的结算价,而不是期货交易时的交易价格,这样增值税计税基础价格与期货交易价格不同,从而在增值税方面带来不确定性。

（二）反向市场中需注意的问题

注意在反向市场中可能存在的交割风险。

从图6-8中交易所月度交割情况统计看，交割量约占当月持仓量的2%左右。在套利交易操作中，反向套利（卖近、买远）最大的风险就是近月合约价格进入交割月时市场出现多逼空格局。一旦面临此种情况，建议投资者在近月合约进行实物交割，同时对冲远月合约多头持仓。

延伸阅读

跨期套利的细分

跨期套利的种类比较多，具体可细分为牛市套利、熊市套利、蝶式套利三种。

1. 牛市套利

在正向市场上，如果供给不足，需求相对旺盛，则会导致近期月份合约价格的上升幅度大于远期月份合约，或者近期月份合约价格的下降幅度小于远期月份合约，交易者可以通过买入近期月份合约的同时卖出远期月份合约而进行牛市套利。对于大多数商品期货来说，当市场是牛市（看涨）或者熊市（看跌）时，较近月份的合约价格变动幅度往往大于较远期的合约。

2. 熊市套利

熊市套利又称卖空套利，指卖空近期合约的同时买空远期合约。当市场是熊市时，一般来说，较近月份的合约价格下降幅度往往大于较远期合约价格的下跌幅度。

如果市场属于正向市场，熊市套利若近期供给量增加但需求减少，导致近期合约价格跌幅大于远期或近期合约价格、涨幅小于远期合约价格，则可在卖出近期合约的同时买入远期合约。

如果市场属于反向市场，则熊市套利与反向市场的牛市套利相反。

3. 蝶式套利

蝶式套利是跨期套利中常见的又一种形式。它是由两个方向相反、共享居中交割月份的跨期套利组成。蝶式套利就是利用若干个不同交割月份期货合约的价差来获利。

比如买入2手5月份天然橡胶期货合约/卖出4手9月份天然橡胶期货合约/买入2手12月份天然橡胶期货合约。这可以看作是由一个牛市套利（买入5月份合约卖出9月份合约），并辅以一个熊市套利（卖出9月份合约买入12月份合约）而组成。

又比如卖出3手5月份天然橡胶期货合约/买入6手7月份玉米合约/卖出3手9月份玉米合约。第一部分是熊市套利（先卖出后买入），第二部分是牛市套利（先买入后卖出）。

可见，蝶式套利是两个跨期套利的互补平衡的组合，可以说是“套利的套利”。蝶式套利与普通的跨期套利相比，从理论上看风险和利润都较小。

八、天然橡胶跨市套利需要注意的相关问题有哪些？

虽然天然橡胶跨市套利是一种较为稳健的保值和投资方式，但依旧存在一定的风险因素。

（一）比价（价差）统计特性稳定性

比价（价差）关系只在一定时间和空间内具备相对的稳定性，这种稳定性是建立在一定现实条件下的。一旦这种条件被打破，比如税率、汇率、贸易配额、远洋运输费用、生产工艺水平等外部因素的变化等，将有可能导致比价偏离均值后缺乏“回归性”。比价（价差）研究往往是依据历史的比价关系来做出相应的统计、归纳和分析，这种方法是基于历史可以重复这一前提的。

（二）市场风险

期货套利投资的市场风险主要是指在特定的市场环境下或时间范围内套利合约价格的异常波动。处在这种市场情形之下的套利交易者如果不能及时采取应对措施，在交易所落实化解市场风险的措施过程中，被冲掉获利的方向的持仓，留下亏损的单向头寸，导致整个套利交易的重大损失的可能性也是真实存在的。

（三）交易风险

交易风险一般是指投资者在套利头寸的建仓、平仓过程中发生的意外情况，尤其是在行情剧烈变化的情况下，价格起伏波动太快，一些原本空间不大的套利在开平仓时，随时都可能出现价格或者持仓数量的失误，导致整个套利操作的混乱，直接影响和改变该次套利投资的结果。

（四）信用风险

由于国内禁止未经允许的境外期货交易，因此，目前大多数企业只能采用各种变通形式通过注册地在中国香港或新加坡的小规模代理机构进行外盘操作，这种途径存在一定的信用风险。如有些企业虽与一些国外的正规代理机构签订外盘代理协议，但从法律角度看，这种协议的有效性仍存在疑问。外盘业务的正常开展及资金安全，主要依赖国外代理机构的信誉。又如，有些企业为了规避法律障碍，利用自己在境外拥有的海外关联企业名义，与国外代理机构签订代理协议，然后进行外盘操作。因此，涉及与外盘有关的套利操作，必须注意回避非交易性风险。

（五）交易成本

交易成本是套利者需要考虑的另一个重要因素。在套利中，交易成本包括买卖期货合约的手续费，如果涉及实物交割，还需要支付交割手续费。有时候交易成本会非常高，即使套利成功了，交易成本也会蚕食掉相当比重的获利。

（六）时间敞口风险

由于内外盘交易时间存在一定差异，因此很难实现同时下单的操作，不可避免地存在着时间敞口问题，加大了跨市套利的操作性风险。

（七）政策性风险

政策性风险或称系统性风险，指国家对有关商品进出口政策的调整、关税及其他税收政策的大幅变动等，这些都可能导致跨市套利的条件发生重大改变，进而影响套利的最终效果。

九、天然橡胶期货套利要注意哪些问题？

尽管套利交易的风险比单向投机小，但仍是具有一定风险的交易活动，所以，交易者在决定进行套利交易时，也应该对套利交易存在哪些风险、应该遵守的规则以及套利交易中应该掌握的基本方法进行深入学习和了解。

（一）正确认识套利交易的风险大小

套利交易的风险较小，这是相对于单向投机而言的。风险的含义是指不确定性的存在，一项投资或交易，既有可能盈利，也有可能亏损，就是风险投资或风险交易。套利交易的风险较小，是指一旦发生亏损没有单向投机大，但是一旦获利，也不会有单向投机那么大。所以，从风险报酬比来看，两者并没有多大区别。在国外，有些交易所对套利交易收取比较低的保证金，使得套利交易者可以放大头寸，一方面起到了提高资金利用率的作用，另一方面套利交易的风险规模也因此被放大，某种程度上与单向交易也差不多了。比如，在一定量的保证金下，只能做1张单向投机单，但可以做4对套利单，如果行情走势不利于单向投机者，价差也不利于套利者，即使价差只有单向投机不利情况的1/4，两者的亏损还是一样的，如果考虑到交易手续费，套利者的损失可能更大。

显然，不能简单地认为套利交易风险小而盲目扩大交易量，因为随着交易量的扩大，风险也相应扩大了。

天然橡胶的国内供应比较特殊，原来交易所允许交割的标准只能是国内海南农垦和云南农垦生产的全乳胶（SCRWF），其定价主观性强。后来逐步修改为国产天然橡胶（SCRWF）实行品牌交割：质量符合国标 GB/T8081－2008，且经过上海期货交易所认可的注册品牌（符合要求的可交割品牌由交易所另行公告）。国内交割品牌截至目前一共设立 8 个品牌，具体请参阅附录 1。进口 3 号烟胶片（RSS3）实行产地认证交割：内在质量和外包装符合国际橡胶品质与包装会议（IRQPC）制定的《天然橡胶等级的品质与包装国际标准（绿皮书）》（1979 年版）标准，泰国、马来西亚、印度尼西亚、斯里兰卡等国生产的 3 号烟胶片（RSS3）。

期货价格和现货价格有时存在很大程度的扭曲，在时间上也存在不确定性，所以在对待套利的时候只有做好充足的准备，在预测好最坏的结果（进行交割）的前提下去操作套利交易，这样风险才能可控。否则一旦买入的天然橡胶质量存在问题，在质检关可能存在问题的前提下去操作，风险就不可控了。

（二）套利能否获利仍旧与后市判断有关

单向投机交易能否获利，取决于行情变化是否与持仓方向一致，也就是说，与投机者当初建仓时的判断是否正确有关。

同样，套利者是否能获利也取决于当初的判断是否正确，因为天然橡胶的国内现货情况决定了其价差可大可小，大了还可能更大，小了也可能更小。正确判断后市价差将变大还是变小，其实并不是想象中那么容易，因为影响价差的因素不少，有些因素的判断也是很难的。所以从天然橡胶的国内现货来考虑的话，我们在计划套利前就应该做好交割的准备。

（三）不要把亏损锁仓看成套利交易

有些单向投机者在发生较大亏损后，喜欢在其他合约上进行相反操作达到“锁住亏损”的目的。形式上好像与套利交易差不多，但两者实际上不是一回事。

单向投机者博的是价格绝对值的变化，套利者博的是相对价格变化。单向投机者在发生较大亏损后再进行套利，很可能价差也已经变化为不适合套利了。此时转化为套利，不仅难以扭亏，而且极有可能在套利交易上又出现亏损。即使有了获利，由于价差变化相对较小，投机和套利也是完全不同的两种操作方法，在分析方法、风险控制、出入市策略上有很大差异。期货市场上有一些专门从事套利交易的投资者，他们以敏锐的目光不断审视着市场上的变化，由于长期从事套利交易，积累了不少经验和方法。不具备这种经验和方法，盲目地将单向亏损头寸转化为套利头寸，很难得到预期效果，实际上不过是安抚自己的一种手段。

（四）正确认识套利交易的利润水平

正确认识套利交易风险和利润的相互关系，将有助于增加实际交易过程中的理性成分。交易者不能把套利交易和投机操作一样对待。套利交易是利用当前市场暂时的价差非正常分布而获取的一种“回归利润”，也就是说在价差水平恢复至正常时必须果断离场，在套利交易中投资者只能赚取合理的、有限的利润，不能因为套利头寸出现盈利而一味地将持仓维持下去。套利交易只能赚取到市场超出正常水平的那一部分价差收益。

（五）不要在陌生的市场做套利交易

套利者通常只关心合约之间的价差水平，而对交易品种并没有多大兴趣，因为套利者只是通过合约之间的价差变化赚取利润，而对具体交易什么品种并不在乎，但即便如此，了解并且掌握这些品种的基本情况和影响因素仍然是必需的，因为只有这样，才能更好地理解价差变动的原因以及判断价差的后市变化。如果对一个市场很陌生、连基本规则都搞不清楚，肯定对正确理解和判断价差是很不利的，盲目进行很可能导致亏损。如果对这个市场很陌生，还是远离这个市场为好。

有的套利类型需要套利者自身具备一定的条件。比如期现套利需要套利者具备现货经营能力；在跨市套利中，如果涉及两个国家，需要具备外汇及安全的入市渠道。不具备这些条件，即使是看到有极好的套利机会，也无法进行。

在过去十几年中，企业在利用期货市场进行套期保值和套利的过程中取得了许多成功的经验，但也有一些教训。

总体来看，失败原因如下：

1. 进行投机操作。一些企业直接进入期货市场操作，刚开始时，都是以套期保值和套利为目的，但操作一段时间后，觉得投机也不错，于是开始转变成投机操作，结果因经验不足等原因，造成亏损。

2. 卖出数量超出实际现货数量。一部分现货企业在进行套期保值和套利操作时，超出了自己预计对冲的现货数量，超出的部分就成为投机交易，结果因价格大幅上涨，自己没有足够的现货可供交割，造成了较大损失。

3. 对期货交易的保证金制度了解不够。当行情出现较大波动时，因无力追加保证金而被迫砍仓，从而出现亏损。

自测题

一、判断题

1. 根据交易者在市场中所建立的交易部位不同，跨期套利可以分为牛市套利、熊市套利和蝶式套利。 ( )

2. 套利交易通过对冲，调节期货市场的供求变化，从而有助于合理价格水平的形成。 ( )

二、单项选择题

1. 天然橡胶正向套利的做法是（ ）。

A. 买入天然橡胶近期合约同时卖出天然橡胶远期合约

B. 买入天然橡胶远期合约同时卖出天然橡胶近期合约

C. 同时买入天然橡胶远期合约和近期合约

D. 同时卖出天然橡胶远期合约和近期合约

2. 以下说法正确的是（ ）。

A. 考虑了交易成本后，正向套利的理论价格下移，成为无套利区间的下界

B. 考虑了交易成本后，反向套利的理论价格上移，成为无套利区间的上界

C. 当实际期货价格高于无套利区间的上界时，正向套利才能获利

D. 当实际期货价格低于无套利区间的上界时，正向套利才能获利

3. 买原油期货，同时卖汽油期货和燃料油期货，属于（　　）。

A. 牛市套利　　　　　　　　　　B. 蝶式套利

C. 相关商品间的套利　　　　　　D. 原料与成品间套利

4. 下列关于期货套利的说法，正确的是（　　）。

A. 期现套利同时涉及期货市场和现货市场

B. 当价差和持仓费出现较大偏差时，期现套利就会发生

C. 若期货价格高于现货价格加持仓费用，则可通过买入现货卖出期货进行套利

D. 商品期现套利最常见的就是买入期货同时卖出现货

三、多项选择题

1. 熊市套利者可以获利的市况有（　　）。

A. 近期合约价格小幅上升，远期合约价格大幅度上升

B. 远期合约价格小幅上升，近期合约价格大幅度上升

C. 近期月份合约价格下降得比远期月份合约价格快

D. 近期月份合约价格下降得比远期月份合约价格慢

2. 以下构成跨期套利的有（　　）。

A. 买入上海期货交易所 5 月天然橡胶期货，同时卖出 TOCOM6 月天然橡胶期货

B. 买入上海期货交易所 5 月天然橡胶期货，同时卖出上海期货交易所 6 月天然橡胶期货

C. 买入 TOCOM5 月天然橡胶期货，一天后卖出 TOCOM6 月天然橡胶期货

D. 卖出 TOCOM5 月天然橡胶期货，同时买入 TOCOM6 月天然橡胶期货

四、综合题（不定项选择）

1. 7 月 1 日，上海期货交易所的 9 月份天然橡胶期货合约价格是 20000

元/吨，11 月份大豆合约的价格是 19500 元/吨。如果某投机者采用熊市套利策略（不考虑佣金因素），则下列选项中可使该投机者获利最大的是（　　）。

A. 9 月份大豆合约的价格保持不变，11 月份大豆合约的价格涨至 20500 元/吨

B. 9 月份大豆合约的价格涨至 21000 元/吨，11 月份大豆合约的价格保持不变

C. 9 月份大豆合约的价格跌至 19000 元/吨，11 月份大豆合约的价格涨至 19900 元/吨

D. 9 月份大豆合约的价格涨至 20100 元/吨，11 月份大豆合约的价格涨至 21500 元/吨

2. 5 月 15 日，某投机者在上海期货交易所采用蝶式套利策略，卖出 5 手 7 月天然橡胶期货合约，买入 10 手 9 月天然橡胶期货合约，卖出 5 手 11 月天然橡胶期货合约，成交价格分别为 17500 元/吨、17600 元/吨和 17700 元/吨。5 月 30 日对冲平仓时的成交价格分别为 17400 元/吨、17650 元/吨和 17800 元/吨，在不考虑其他因素影响的情况下，该投机者的净收益是（　　）元。

A. 7500　　　　B. 2500

C. 5000　　　　D. －2500

五、思考题

什么是期现套利？天然橡胶的期现套利具体如何运用？

参考答案

一、判断题

1. √　2. √

二、单项选择题

1. A 2. C 3. D 4. A

三、多项选择题

1. AC 2. BD

四、综合题（不定项选择）

1. D 2. B

五、思考题

（略）

第七章

天然橡胶期货市场的发展与现状

本章要点

本章介绍了中国期货业及中国天然橡胶期货市场的发展与现状，还介绍了上海期货交易所、上海国际能源交易中心、新加坡交易所、东京交易所的天然橡胶合约。

一、中国期货市场的发展与现状如何？

（一）中国期货业发展历程

中国期货业在30余年的发展过程中，大体可划分为起步探索阶段、治理整顿阶段、规范发展阶段和创新发展阶段，共四个阶段。

1. 起步探索阶段（1988～1993 年）

20 世纪 80 年代，为了解决价格双轨制过程中大宗商品市场价格暴涨暴跌的问题，经过前期理论研究与探索以及国际经验考察与借鉴，在我国设立期货市场的决策问题摆上议事日程。1988 年，第七届全国人民代表大会一次会议的政府工作报告中明确提出要“加快商业体制改革，积极发展各类批发贸易市场，探索期货交易”，中国新兴期货市场就此拉开筹建序幕。

2. 治理整顿阶段（1993～2000 年）

1993 年 11 月，《国务院关于坚决制止期货市场盲目发展的通知》下发，中国政府开始第一次清理整顿期货市场。在首次整顿中 50 多家交易所仅被保留 15 家，并作为试点进行会员制改造。1993～1998 年，中国期货交易品种不断丰富、风险事件频发。经过 7 年的治理整顿和法制建设，市场存在的问题逐步得到解决，中国期货业步入规范发展期。

3. 规范发展阶段（2000～2012 年）

这一阶段的主要特征是：由中国证监会、中国期货业协会和期货交易所构成的政府监管与行业自律的三级监管体制形成，期货监管体制和法律法规体系日臻成熟，期货业逐步走向法制化和规范化发展轨道。期货市场风险意识不断提高，风险防范机制不断推进，期货市场逐步步入规范发展阶段。交易品种和交易量平稳增加，价格发现和风险管理的功能逐渐显现。

4. 创新发展阶段（2012 年至今）

在创新发展阶段中，中国期货市场新上市期货、期权品种数量都显著增加，期货市场对外开放加速。这一阶段的主要特征是：期货品种和制度创新有序推进期货市场步入创新发展的历史新阶段。期货业对外开放步伐加快，市场运行质量和能力有效提升。在服务国家重大战略包括供给侧结构性改革、国民经济高质量发展、农业农村现代化、助力脱贫攻坚以及双向开放等方面，期货市场发挥的积极作用得到了政策的充分认可。

（二）中国商品期货市场的运行概况

2020 年中国期货成交量达 61.53 亿手，较 2019 年增加了 21.91 亿手，同比增长 55.29%。其中，上海期货交易所（以下简称上期所）成交量（含能源中心）为 20.72 亿手，较 2019 年增加了 6.60 亿手。自 2018 年起中国期货成交金额逐年攀升，2020 年中国期货成交金额达 437.5 万亿元，较 2019 年增加了 146.92 万亿元，同比增长 50.6%。其中，上期所成交金额居首位，为 140.02 万亿元（含能源中心），较 2019 年增加了 43.07 万亿元；之后分别是中金所 115.44 万亿元、大连商品交易所 109.20 万亿元和郑州商品交易所 60.09 万亿元。

此外，日益丰富的期货品种为广大实体企业提供了有效的避险工具。2020 年中国期货上市品种稳步增加，国内交易所新上市衍生品 12 个，其中新上市期货品种 4 个。液化石油气、低硫燃料油和短纤等品种的上市，预示着以油、煤、汽为代表的国内能源期货市场体系初步建成。展望未来，集装箱运力指数、碳排放权、成品油以及期权相关的新品种将陆续上市，预计未来几年仍是期货重要品种的集中上市期。

（三）中国期货业未来发展趋势

1. 国际化。经济全球化作为当今世界经济发展的客观进程，已经给各国经济带来了巨大而又深远的影响。国际化既是中国期货市场长期发展的基本取向，也是中国当前面临的主要挑战。随着中国改革开放的不断深入，中国经济与全球经济，特别是“一带一路”区域内经济的联动性大幅提升，因此，期货市场国际化的需求迫切且是大势所趋。

2. 制度建设和法律规范。中国期货市场长期发展需要制度建设和法律规范提供有力保障。目前，中国证监会作为国家期货主管机关对期货市场实行统一管理，近十年已经建立了一系列法律法规，有效地改善了行业形象。2021 年 4 月，《中华人民共和国期货法（草案）》出台。日后相关法律法规的落地将进一步完善期货监管和风控制度、助力大宗商品稳定物价保障供给，从而逐渐形成全国性的行业自律管理，最终适合我国特色的高效期货市场管理体系将得以建立。

3. 品种创新。中国期货市场长期发展的根基是服务实体经济，依据实体经济的需要而不断推出适宜的期货、期权品种是期货交易市场的基本使命。随着国民经济的产业结构变化，上市品种的不断创新已成为期货市场可持续发展的基础保障。

4. 理论研究和理论创新。理论研究和理论创新是中国期货市场长期发展的基础条件和必要保障。期货市场方面的理论研究解决了我国期货市场建立和发展过程中的许多困难和问题，从而有力地促进了中国期货市场的发展。理论创新使我国期货市场向更高层次、更纵深方向发展，从而紧密地跟上经济发展的步调。

二、中国天然橡胶期货市场发展现状如何？

天然橡胶的价格受到天然橡胶国际供求情况、国内外经济大环境、主要用胶行业发展情况、合成橡胶的价格、自然因素、汇率和进口政策等因素共同影响。

为助力天然橡胶产业链企业管理价格风险，为企业的稳健发展保驾护航，天然橡胶衍生品应运而生。目前，上海期货交易所天然橡胶衍生品市场已形成完善的产品序列，涵盖天然橡胶期货、20 号胶期货、天然橡胶期权、天然橡胶标准仓单、延伸仓单、天然橡胶“保险 + 期货”项目，同时覆盖境内境外两个市场，服务实体经济效能与国际影响力不断提升。

（一）上海期货交易所天然橡胶期货

上海期货交易所（以下简称上期所）是受中国证券监督管理委员会（以下简称证监会）集中统一监管的期货交易所，宗旨是服务实体经济。根据公开、公平、公正和诚实信用的原则，上期所组织经证监会批准的期货交易，截至 2021 年底已上市铜、铝、锌、铅、镍、锡、黄金、白银、螺纹钢、线材、热轧卷板、原油、燃料油、石油沥青、天然橡胶、纸浆、20 号胶、不锈钢、低硫燃料油、国际铜 20 个期货品种以及铜、天然橡胶、黄金、铝、锌、原油 6 个期权品种。上海上期商务服务有限公司、上海期货信息技术有限公司、上海期货与衍生品研究院有限责任公司和上海国际能源交易中心股份有限公司（以下简称能源中心）是上期所的下属子公司。

上期所 1993 年上市天然橡胶期货，目前交割品级质量标准包括国产天然橡胶（SCR WF）以及进口 3 号烟胶片（RSS3）。从 2003 年起，上期所天然橡胶的市场规模开始全面超过东京工业品交易所（TOCOM，现已合并成为东京交易所 JPX）和新加坡交易所（SGX）等海外市场，尤其在 2005 年以后，市场快速发展，交易活跃，成交量和持仓量快速增长。

上海期货交易所天然橡胶期货的快速发展，一方面，得益于国内经济腾飞直接带动中国工业的发展，另一方面，制造业的壮大使得中国成为全球轮胎制造中心，也带动中国成为全球天然橡胶最大的消费国。随着上期所天然橡胶期货市场覆盖面、认可度和参与度的不断提高，上期所天然橡胶期货套期保值、价格发现的功能得到进一步发挥，其价格影响力也进一步增强。上期所天然橡胶价格已成为国内市场的权威报价，也是国内橡胶企业购销合同或定价最重要的报价参考。目前上期所也已经成为全球天然橡胶的定价中心，成为全球天然橡胶贸易中最重要的定价参考（见表 7－1）。

表 7－1　上海期货交易所天然橡胶期货合约（修订版）

项　目	内　容
交易品种	天然橡胶
交易单位	10 吨/手
报价单位	元（人民币）/吨
最小变动价位	5 元/吨
每日价格最大波动限制	上一交易日结算价 ±3%
合约交割月份	1 月、3 月、4 月、5 月、6 月、7 月、8 月、9 月、10 月、11 月
交易时间	上午 9:00～11:30，下午 1:30～3:00 和交易所规定的其他交易时间
最后交易日	合约月份的 15 日（遇国家法定假日顺延，春节月份等最后交易日交易所可另行调整并通知）
交割日期	最后交易日后连续 3 个工作日
交割品级	标准品：（1）国产天然橡胶（SCR WF），质量符合国标 GB/T8081－2018 （2）进口 3 号烟胶片（RSS3），质量符合《天然橡胶等级的品质与包装国际标准（绿皮书）》（1979 年版）
交割地点	交易所指定交割仓库
最低交易保证金	合约价值的 5%

续表

项　目	内　容
交割方式	实物交割
交割单位	10 吨
交易代码	RU
上市交易所	上海期货交易所

（二）上海期货交易所天然橡胶期权

2019 年 1 月 28 日，全球首个天然橡胶期权在上海期货交易所上市。天然橡胶期权的推出，促进了期货市场功能的进一步完善，为企业精细化、多元化的需求提供了相应的避险工具（见表 7－2）。

表 7－2　　上海期货交易所天然橡胶期货期权合约（修订后）

项　目	内　容
合约标的物	天然橡胶期货合约（10 吨）
合约类型	看涨期权，看跌期权
交易单位	1 手天然橡胶期货合约
报价单位	元（人民币）/吨
最小变动价位	1 元/吨
涨跌停板幅度	与天然橡胶期货合约涨跌停板幅度相同
合约月份	最近两个连续月份合约，其后月份在标的期货合约结算后持仓量达到一定数值之后的第二个交易日挂牌。具体数值交易所另行发布
交易时间	上午 9:00～11:30，下午 13:30～15:00 及交易所规定的其他时间
最后交易日	标的期货合约交割月前 1 个月的倒数第 5 个交易日，交易所可以根据国家法定节假日等调整最后交易日
到期日	同最后交易日
行权价格	行权价格覆盖天然橡胶期货合约上一交易日结算价上下浮动 1.5 倍当日涨跌停板幅度对应的价格范围。行权价格≤10000 元/吨，行权价格间距为 100 元/吨；10000 元/吨＜行权价格≤25000 元/吨，行权价格间距为 250 元/吨；行权价格＞25000 元/吨，行权价格间距为 500 元/吨

续表

项　目	内　容
行权方式	美式。买方可在到期日前任一交易日的交易时间提交行权申请；买方可在到期日 15:30 之前提交行权申请、放弃申请
交易代码	看涨期权：RU－合约月份－C－行权价格 看跌期权：RU－合约月份－P－行权价格
上市交易所	上海期货交易所

注：《上海期货交易所天然橡胶期货期权合约》中关于合约月份的修订，自 2020 年 11 月 17 日（周二）新挂牌期货合约 RU2111 对应的期权合约开始实施。其中，合约月份大于等于 RU2111 的期货合约对应的期权合约适用修订后的规定，合约月份小于 RU2111 的期货合约对应的期权合约适用修订前的规定。

（三）上海国际能源交易中心 20 号胶期货

2019 年 8 月 12 日，我国首个天然橡胶期货国际化品种 20 号胶期货在上海期货交易所子公司上海国际能源交易中心上市。上市 20 号胶期货，有助于构建全球天然橡胶市场定价体系，是推进我国期货市场对外开放、服务“一带一路”建设倡议、提升我国重要大宗商品国际影响力的重要举措（见表 7－3）。

表 7－3　上海国际能源交易中心 20 号胶期货标准合约

项　目	内　容
交易品种	20 号胶
交易单位	10 吨/手
报价单位	元（人民币）/吨（交易报价为不含税价格）
最小变动价位	5 元（人民币）/吨
涨跌停板幅度	不超过上一交易日结算价 ±5%
合约交割月份	1 月、2 月、3 月、4 月、5 月、6 月、7 月、8 月、9 月、10 月、11 月、12 月
交易时间	上午 9:00～11:30，下午 1:30～3:00 以及上海国际能源交易中心规定的其他交易时间

续表

项　目	内　容
最后交易日	交割月份的15日（遇国家法定节假日、休息日顺延；上海国际能源交易中心可以根据国家法定节假日、休息日调整最后交易日）
交割日期	最后交易日后连续5个交易日
交割品质	具体质量规定见附件
交割地点	上海国际能源交易中心指定交割仓库
最低交易保证金	合约价值的7%
交割方式	实物交割
交易代码	NR
上市机构	上海国际能源交易中心

（四）上海期货交易所天然橡胶“保险＋期货”项目

2017年5月26日，上海期货交易所启动天然橡胶“保险＋期货”精准扶贫试点项目，积极响应中央一号文件精神，贯彻落实国家“扶贫攻坚”与“乡村振兴”战略。

（五）上海期货交易所上线天然橡胶标准仓单和延伸仓单交易

2019年5月27日，天然橡胶品种在上期标准仓单交易平台上线交易。2020年12月9日，天然橡胶延伸仓单交易在上期标准仓单交易平台成功上线，更好地满足天然橡胶产业链企业多元化和个性化的需求，拓展了服务实体经济的深度和广度。

（六）天然橡胶衍生品市场的功能发挥情况

作为上期所历史最为悠久、衍生品市场体系最为完备的品种之一，天然橡胶衍生品市场在指导我国天然橡胶生产、提示经营风险，为生产者稳定收入、经营者套保避险，推进天胶产业提质增效、助力地方经济发展等方面都发挥了不可替代的作用。

1. 交易活跃，市场规模已位于世界前列

近十年，上期所天然橡胶期货市场规模持续位于全球天然橡胶衍生品市场首位，为天然橡胶产业套期保值提供了充裕的流动性。

2020 年 1～12 月，SHFE 天然橡胶期货累计成交 1.01 亿手，同比增长 87.45%；累计成交金额 13.10 万亿元，同比增长 103.10%；日均持仓规模约 27 万手，同比增长 6%；累计交割 15.44 万吨，同比减少 34.18%。按照累计成交金额来计算，SHFE 天然橡胶期货在全国商品期货中排名第 8 位。

2020 年 1～12 月，INE 20 号胶期货累计成交 422.79 万手，累计成交金额 0.44 万亿元，日均持仓规模 3.60 万手，累计交割 11.57 万吨。

2. 有效发挥价格发现功能，价格运用场景多元化

2010 年以来，上期所天然橡胶期货价格与国内现货价格相关系数始终稳定在 0.9 以上，期现市场价格联系紧密。上期所天然橡胶期货价格已经成为国产天然橡胶国内贸易定价基准。

20 号胶期货上市运行 2 年多来，与境内外期现货价格相关系数在 0.9 以上，价格联动紧密，在国际市场已初具影响力。20 号胶期货价格已被多家境内外产业链头部企业在跨境贸易中作为定价基准。

2020 年 10 月 29 日，境内外天然橡胶产业链代表企业泰国泰华树胶、泰国联润橡胶、赛轮轮胎、森麒麟轮胎、永安资本和浙期实业等，签署采用上期能源 20 号胶期货作为现货贸易定价基准的合作备忘录。20 号胶期货同时运用于国际贸易和国内贸易定价，是涵盖全球天然橡胶产业链上、中、下游以中国期货市场价格作为定价基准的期现市场合作重大事件，标志着我国期货市场在境内外天然橡胶市场价格影响力的显著提升，对促进我国期货市场进一步对外开放，切实服务实体经济，助力构建完整的内需体系，逐步形成以国内“大循环”为主体、国内国际“双循环”相互促进的新发展格局，培育我国天然橡胶行业在新形势下参与国际合作和竞争新优势等方面具有重要意义。

3. 套保效果显著，为企业稳健运营保驾护航

天然橡胶产业链企业积极参与期货、期权交易，取得了显著的套期保值效果。

近几年来天然橡胶期货套期保值效率始终保持在 80% 以上。由此可见，天然橡胶实体企业合理运用期货工具完全可以锁定成本和利润，有效转移价格波动风险，从而实现稳定生产经营的预期。

4. “保险 + 期货” 成绩喜人

2016 年以来，“保险 + 期货” 连续 6 年被写入中央 1 号文件，上期所连续多年开展 “保险 + 期货” 精准扶贫试点，为当地脱贫攻坚做出了积极贡献。

2020 年天然橡胶 “保险 + 期货” 精准扶贫及场外期权产业扶贫试点项目共计 66 个项目总计投入 1.03 亿元，受益胶农超过 15 万户，为天然橡胶产业的稳定发展和如期打赢脱贫攻坚战贡献了 “期货力量”。

截至 2020 年底，上期所已经连续 4 年开展天然橡胶精准扶贫试点项目，累计投入专项资金 3.65 亿元，为约 30 万名胶农的近 40 万吨天然橡胶提供了价格保障。

经过持续运行和不断优化，上期所 “保险 + 期货” 精准扶贫及场外期权产业扶贫试点的运作模式，越来越多地受到社会各方认可，特别是广大胶农对 “保险 + 期货” 模式在农业生产经营风险管理中发挥作用的认识不断加深。2020 年西盟县及孟连县的参保胶农共自缴保费 80 余万元购买橡胶价格保险，充分体现了当地胶农对于天然橡胶 “保险 + 期货” 实施多年来取得效果的认可。

5. 创新驱动，提升服务实体经济的效能，合力提升我国天然橡胶市场影响力

“上海胶” 制度和标准得到国际认可。20 号胶期货所设定的质量标准和交割商品注册制度受到了国际市场的认可，吸引了世界范围内主要天然橡胶生产国逾 30 家企业逾 100 家工厂前来注册。来自中国、泰国、马来西亚和印度尼西亚 4 个国家的 25 家企业、37 家工厂进入首批注册商品名单；该名单也得到了下游轮胎企业的认可。

广泛开展国际合作，向全球天然橡胶产业展示 “上海胶”。与国际橡胶研究组织（IRSG）、新加坡交易所、日本交易所合作开展世界天然橡胶衍生品市场论坛等，让全球更多天然橡胶从业者了解、认识、参与上海天然橡胶衍生品市场。

期现创新，助力拓展我国期货市场资源配置辐射范围、提升我国天然橡胶市场国际影响力。20 号胶期货是首个实现国产产品参与保税期货市场、保税期货转现货后转关区流转的期货品种，促进保税期货与现货市场的有机衔接。同时，成功开展保税交割 20 号胶通过中欧班列复运出境，实现价格与交割货物向欧洲市场辐射，进一步提升我国天然橡胶国际市场影响力。

（七）天然橡胶期货未来发展方向

1. 产品供给。按照产品多元化发展的战略要求，不断完善产品序列，加快推进合成橡胶期货的上市步伐，做好天然橡胶标准仓单与延伸仓单交易业务，丰富橡胶产业风险管理工具，促进天然橡胶期货市场与现货市场的深度融合。

2. 做精做细现有品种。适应市场发展和产业用户需要，完善现有合约规则制度，适时扩大交割资源，优化仓库布局，提高运行效率，增强市场的深度和厚度，进一步发挥期货市场的功能和作用。

3. 深化产业服务。结合天然橡胶生产、消费和贸易企业的特点，有针对性地开展套期保值业务培训和市场推广，加强行业服务和现场指导，进一步提升实体企业合理运用期货工具管理风险的能力和水平；推动更多企业使用 20 号胶期货作为定价基准。

4. 深化国际合作，推进对外开放。加强境外推广，广泛吸引境外投资者参与中国期货市场；探索跨境交收的可行性，在提升国际影响力等方面进一步提质增效。

延伸阅读

中国建立全球天然橡胶定价中心

在 2019 年 8 月 12 日举行的 20 号胶期货上市仪式上，中国天然橡胶协会专职副会长郑文荣表示，天然橡胶产业在我国产销市场和中国经济发展中占有重要地位。上海期货交易所推出 20 号胶期货交易，将成功为中国天然橡胶市场国际化注入新能量。这对促进中国天然橡胶产业的发展、践行国家“一带一路”倡议、建立全球天然橡胶定价中心将起到积极作用。

郑文荣表示，天然橡胶产业在我国产销市场和中国经济发展中占有重要的地位。中国既是世界上最大的天然橡胶消费国和进口国，又是重要的生产国，植胶面积达 1760 余万亩，世界排名第三位；年产量 83 万多吨，世界排名第四位。目前，中国已建成具有吸纳300万人就业，使50余万户少数民族、山区农民增收脱贫及600多万人口赖以生存的多功能、广效益、可持续的生态环保型产业。

"当前是中国天然橡胶产业实现产品升级、提质增效的重要时刻，是实施创新驱动发展的关键时期。"郑文荣说，希望上海期货交易所始终遵循服务实体的理念，为提振世界天然橡胶市场信心，促进我国天然橡胶产业的可持续发展继续出谋献策和予以支持。中国天然橡胶协会也将积极配合上海期货交易所，推动我国全乳胶期货、20号胶期货及其他交易品种的持续发展。

（资料来源：《中国证券网》，2019年8月12日，作者：陈雨康，宋薇萍。）

三、国际天然橡胶期货市场的发展与现状如何？

天然橡胶期货自1952年在日本上市以来，经历了半个多世纪的平稳发展。进入21世纪以后，橡胶期货步入快速发展时期，特别是随着中国期货市场的迅猛发展，天然橡胶期货的市场规模和影响力得到显著提升，2003年上海期货交易所的天然橡胶期货市场规模超过了日本和新加坡市场。目前，天然橡胶期货交易主要集中在三大交易所：中国上海期货交易所（SHFE）和上海国际能源交易中心（INE）、日本交易所（JPX）和新加坡交易所（SGX）。

天然橡胶期货市场的发展与现状与交易所的情况息息相关，以下是日本交易所和新加坡交易所的基本情况。

（一）日本交易所（JPX）

东京商品交易所（TOCOM）于1984年11月1日在东京建立，其前身为成立于1951年的东京纺织品交易所、成立于1952年的东京橡胶交易所和成立于1982年的东京黄金交易所，上述三家交易所于1984年11月1日合并后改名为东京工业品交易所，后于2013年2月正式更名为东京商品交易所。

2019年10月，株式会社日本交易所集团对东京商品交易所股份进行公开收购，为株式会社日本交易所集团的子公司。2020年7月东京商品交易所将橡胶市场交至大阪交易所，和原本大阪交易所交易的橡胶合约市场合并，后统称日本交易所橡胶期货合约。

橡胶方面，为了彻底激发市场参与者对参与天然橡胶期货交易的兴趣，交易所重新修改了天然橡胶期货交易的部分交易规则。例如，从2002年12月后将交易、交割单位从5000公斤提高到10000公斤，同时为满足天然橡胶行业内部的需要，交易所于2018年10月开始交易技术含量高、市场前景好的20号胶（TSR 20）（见表7－4和表7－5）。

表7－4　　日本交易所（JPX）3号烟胶片期货标准合约内容

项　目	内　容
交易种类	实物期货交易
标准品	符合国际规格（INT）的3号烟胶片（RSS3）
交易开始日	1952年12月12日
交易时间	日间交易： 开盘（集合竞价）：9:00 盘中交易（连续竞价）：9:00～15:10 收盘（集合竞价）：15:15 晚间交易： 开盘（集合竞价）：16:30 盘中交易（连续竞价）：16:30至次日18:55 收盘（集合竞价）：19:00 如果开盘竞价时没有合约，则直接进入连续竞价 如果收盘竞价时没有合约，则直接以连续竞价收盘
合约月份	最近6个合约月份
最后交易日	从交割日起倒数第5个交易日
交易单位	5000千克
报价单位	0.1日元/千克（1交易单位为500日元）

续表

<table>
<tr><th>项 目</th><th colspan="4">内 容</th></tr>
<tr><td>交割单位</td><td colspan="4">5000 千克</td></tr>
<tr><td>涨跌幅限制</td><td colspan="4">(1) 涨跌幅限制：20 日元
注：会根据市场情况，临时更新涨跌幅限制价格
2. 合约涨跌幅：以最优价的中间价格，或最近合约价格为基准上下 5 日元</td></tr>
<tr><td>市场熔断机制</td><td colspan="4">原则上不会暂停交易，或扩大涨跌幅限制</td></tr>
<tr><td>策略交易</td><td colspan="4">有（日历套利，商品间套利）</td></tr>
<tr><td>J - NET 交易</td><td colspan="4">有（报价单位：0.001 日元，最低交易单位：1 单位）</td></tr>
<tr><td>结算价格</td><td colspan="4">从晚间竞价开始至日间竞价结束之间的最后成交价格等
如有必要，日本证券结算机构（JSCC）可以修正至适当价格</td></tr>
<tr><td>交割价格</td><td colspan="4">最终交易日日间竞价交易的 VWAP</td></tr>
<tr><td>交割日</td><td colspan="4">12 月以外的所有合约月份的最后交易日正午（12 月是 28 日）
如逢节假日，则将交割日提前</td></tr>
<tr><td>交割品级</td><td colspan="4">符合国际规格（INT）且从进口报关起未超过 1 年的 3 号或 4 号烟胶片</td></tr>
<tr><td>交割地点</td><td colspan="4">本交易所指定仓库（东京都、神奈川县、千叶县以及其他都道府县所在的营业仓库）</td></tr>
<tr><td>交割方式</td><td colspan="4">交货方将交易所指定仓库发行的标准仓单，接货方将按交割价格计算得出的交割货款各自提交给本交易所
注：除基本交割方式外，还设有交割条件调整制度、申报交割制度、提前交割和 ADP 制度</td></tr>
<tr><td rowspan="3">持仓限制（客户）</td><td></td><td>第一个合约</td><td>第二个合约</td><td>所有合约（共计）</td></tr>
<tr><td>一般客户</td><td>300 手</td><td>600 手</td><td>10000 手</td></tr>
<tr><td>现货商，投资信托等、做市商</td><td>400 手</td><td>600 手</td><td>10000 手</td></tr>
<tr><td>保证金</td><td colspan="4">利用 SPAN ®计算（可与其他指数期货、期权交易抵消风险）</td></tr>
<tr><td>结算方法</td><td colspan="4">(1) 回购或转让
(2) 最终结算（实物交割结算）</td></tr>
<tr><td>放弃</td><td colspan="4">可适用</td></tr>
<tr><td>移仓</td><td colspan="4">可适用</td></tr>
</table>

表 7－5　　日本交易所（JPX）TSR20 期货标准合约内容

项　目	内　容
交易种类	实物期货交易
标准品	本交易所认可工厂生产的 TSR20 泰国国家认定质量标准（STR20 的标准规格）
交易开始日	2018 年 10 月 9 日
交易时间	日间交易： 开盘（集合竞价）：9:00 盘中交易（连续竞价）：9:00～15:10 收盘（集合竞价）：15:15 晚间交易： 开盘（集合竞价）：16:30 盘中交易（连续竞价）：16:30 至次日 18:55 收盘（集合竞价）：19:00 如果开盘竞价时没有合约，则直接进入连续竞价 如果收盘竞价时没有合约，则直接以连续竞价收盘
合约月份	最近 6 个合约月份
最后交易日	最后交易日
交易单位	5000 千克
报价单位	0.1 日元/千克（1 交易单位为 500 日元）
交割单位	20000 千克
涨跌幅限制	（1）涨跌幅限制：20 日元 当前涨跌幅 涨跌幅，市场熔断机制 注：会根据市场情况，临时更新涨跌幅限制价格 （2）合约涨跌幅：以最优价的中间价格，或最近合约价格为基准上下 5 日元
市场熔断机制	原则上不会暂停交易，或扩大涨跌幅限制
策略交易	有（日历套利，商品间套利）
J－NET 交易	有（报价单位：0.001 日元，最低交易单位：1 单位）
结算价格	从晚间竞价开始至日间竞价结束之间的最后成交价格等 如有必要，日本证券结算机构（JSCC）可以修正至适当价格
交割价格	最终交易日日间竞价交易的 VWAP

续表

<table>
<tr><th>项 目</th><th colspan="4">内 容</th></tr>
<tr><td>交割日</td><td colspan="4">从装船日（现货月第 10 个工作日之后到下一个月的 15 号为止）起 9 个工作日（包括装船日在内）内进行交割（交割文件交换）</td></tr>
<tr><td>交割品级</td><td colspan="4">①泰国生产的 STR20，生产日期在 3 个月内
②包装形态为热收缩膜包装（木制或塑料托盘）
③附有生产国指定公共机构认可的 TSR 工厂或者独立质检机构于 3 个月内发行的质检证书
④满足生产国指定机构规定的最新 TSR 品质标准</td></tr>
<tr><td>交割地点</td><td colspan="4">曼谷港，林查班或槟城港</td></tr>
<tr><td>交割方式</td><td colspan="4">在收货方指定的船只上进行船上交货（FOB）
注：交割制度除上述标准合约中提及的普通交割之外，还有申报交割、条件调整交割、ADP 制度</td></tr>
<tr><td rowspan="3">持仓限制（客户）</td><td></td><td>第一个合约</td><td>第二个合约</td><td>所有合约（共计）</td></tr>
<tr><td>一般客户</td><td>500 手</td><td>1000 手</td><td>10000 手</td></tr>
<tr><td>现货商，投资信托等、做市商</td><td>1000 手</td><td>2000 手</td><td>10000 手</td></tr>
<tr><td>保证金</td><td colspan="4">利用 SPAN ®计算（可与其他指数期货、期权交易抵消风险）</td></tr>
<tr><td>结算方法</td><td colspan="4">（1）回购或转让
（2）最终结算（实物交割结算）</td></tr>
<tr><td>放弃</td><td colspan="4">可适用</td></tr>
<tr><td>移仓</td><td colspan="4">可适用</td></tr>
</table>

影响日本天然橡胶期货行情变动的因素主要有以下几方面：

1. 汽车行业景气动向。由于制造轮胎与内胎需要的橡胶消费量占 70%以上，因此，汽车产业的景气与否对于天然橡胶产业的影响很大。

2. 主要产胶地的供需动向。日本国内的天然橡胶 100%靠进口，其中将近 85%的 RSS 从泰国进口。而天然橡胶的出口是泰国赚取外汇的主要来源。为了维持国际天然橡胶价格的稳定，保护国内天然橡胶行业，泰国政府会采取相应的措施。因此，产胶国尤其是泰国政府的动向值得关注。另外，如主产国的出口量、库存量也会对国际天然橡胶价格产生影响。

3. 美元－日元汇率。日本国内消费的天然橡胶全部依靠进口，国际市场天然橡胶以美元报价，故美元－日元的汇率走势对天然橡胶进口成本影响非常大。

4. 相关交易所天然橡胶期货的价格走势。由于日本天然橡胶期货的持仓量和成交量逐日下降，其价格波动受我国天然橡胶期货价格波动影响越来越大，新加坡天然橡胶期货的价格走势对日本天然橡胶期货也产生较大影响，但考虑到日本天然橡胶期货 3 号烟胶片交割品的数量局限性，单一胶种的基本面特性和资金炒作也让日本天然橡胶期货的价格波动有时候有别于其他交易所的期货价格走势。但从中长期趋势来看，我国天然橡胶期货的定价权已经牢牢掌握在自己手中。

5. 与合成橡胶－原油的关系。合成橡胶作为天然橡胶的替代品，其价格走势对天然橡胶的影响亦非常大，而作为合成橡胶的原料——石油价格的走势对合成橡胶价格也形成影响。

6. 日本天然橡胶库存。日本橡胶贸易协会每旬公布的日本民间仓库天然胶库存反映出日本国内天然胶供求关系的变化。

7. 国际政治、经济形势。

（二）新加坡交易所（SGX）

新加坡交易所是亚太地区首家集证券及金融衍生产品交易于一体的企业股份制交易所，也是上市 20 号胶期货合约的交易所。新加坡的天然橡胶期货最早是在新加坡商品交易所（SICOM），也就是以前的新加坡树胶总会土产交易所（RAS）上市交易，是东南亚地区最大的天然橡胶期货交易场所。新加坡虽然不是天然橡胶生产与消费的主要国家，但是由于其地理位置处于世界离岸经济中转枢纽，因此，天然橡胶贸易量处于世界前列。新加坡政府抓住这个机会，于 1992 年建立新加坡商品交易所取得世界天然橡胶定价权。新加坡上市天然橡胶期货合约后，在很长时间内已成为全球天然橡胶产地（现货）的定价中心，因为其价格比较客观地反映了天然橡胶主产地的现货价格波动。在新加坡商品交易所上市的天然橡胶期货合约对国际天然橡胶现货贸易有指导意义，期货结算价成为定价的重要参考，交易所会员在交易时无须在交易大厅，其电子交易网络可为会员和客户提供快捷的报价系统，该系统可向所有的交易者提供交易价格。

在 SICOM 上市的品种有两种：一种是 3 号烟胶片，另一种是 20 号胶，两大品种的期货合约均以美元计价和结算，从而吸引了更多的参与者，包括来自中国、印度、欧美等国家和地区的参与者。由于新加坡本身既不是消费国也不是生产国，因此本地资金缺乏参与兴趣，SICOM 天然橡胶期货市场流动性明显不足。2008 年 6 月 30 日，SGX 收购了 SICOM，并于 2010 年 5 月 16 日把天然橡胶期货合约从新加坡商品交易所转移到新加坡交易所的衍生品交易平台，其结算和交易功能大大增强（见表 7 -6 和表 7 -7）。

表 7 -6　　新加坡交易所天然橡胶期货合约

项　目	内　容	
产品名称	新交所 SICOM20 号胶（TSR 20）期货	新交所 SICOM3 号烟胶片（RSS 3）期货
Ticker 代码	TF	RT
合约规模	1 手 =5 公吨	
报价	美分/千克	
最小价格波动	0.1 美分/千克（5.00 美元）	
合约月份	连续 12 个月	
交易日	除新加坡假日、除夕和中国新年之外的任何交易日	
交易时间（新加坡时间）	电子交易：上午 7:55 至下午 6:00	
每日限价	如果任何一个合约月份的价格比前一天的清算价提高或降低 10%，则将触发 15 分钟的冷却期，在此期间，交易只能在上限和下限价格范围内进行。在冷却期结束后，对当天的剩余交易时间不再作任何价格限制	
最后交易日	交割月份前一个月的最后一个工作日	
仓位限值	根据交易规则，一个投资者拥有或者控制的交易手数，超过新交所事先通知所规定的持仓头寸，并且头寸是市场交易的同一侧以及所有月度合约（除了第一个交易月）的持仓总和，则投资者应按照新交所的要求，及时提供关于其持仓性质、交易策略以及对冲（如可以披露）的信息。一个投资	根据交易规则，一个投资者拥有或者控制的交易手数，超过新交所事先通知所规定的持仓头寸，并且头寸是市场交易的同一侧以及所有月度合约（除了第一个交易月）的持仓总和，则投资者应在收到新交所的要求后，及时提供关于其持仓性质、交易策略以及对冲（如可以披露）的信息。一个投资者不可以在

续表

<table>
<tr><th>项 目</th><th colspan="3">内 容</th></tr>
<tr><td>仓位限值</td><td colspan="2">者不可以在第一个交易月拥有或者控制超过 2000 手净多头或者净空头，除非清算会员就其持有该投资人账户的成员另有许可。规定的持仓限制和持仓责任阈值，应该适用于该投资人所拥有或者控制的 TSR20 期货合约、TSR20 期权合约和 SICOM TSR20 OTC 橡胶合约的合计数值</td><td>第一个交易月拥有或者控制超过 2000 手净多头或者净空头，除非清算会员就其持有该投资人账户的成员另有许可</td></tr>
<tr><td>议定大额交易（NLT）</td><td colspan="3">最低 60 手</td></tr>
<tr><td>交割方式</td><td colspan="3">由买方选择是进行仓库交割还是按装货港 FOB 交割</td></tr>
<tr><td>交割方式</td><td colspan="2">20.16 公吨</td><td>20 公吨</td></tr>
<tr><td>交割单位</td><td colspan="2">符合 SICOM 批准的工厂所在国家的现行标准橡胶 20（TSR20）技术规格且按照 SICOM 的现行热缩塑料包装规格进行包装</td><td>与国际橡胶质量和包装会议的“绿皮书”一致</td></tr>
<tr><td>交割期</td><td colspan="3">交割月份的任何时间，但不得早于交割月份的第 10 个工作日。具体取决于交割方式以及发出交割指令的时间</td></tr>
<tr><td>装货港</td><td colspan="2">新加坡：新加坡港
马来西亚：巴生港、槟城港
印度尼西亚：巴邻旁港、泗水港和勿拉湾港
泰国：曼谷港和林查班港</td><td>新加坡：新加坡港
马来西亚：槟城港
泰国：曼谷港和林查班港</td></tr>
<tr><td rowspan="4">价格信息（供应商：Ticker）</td><td>供应商</td><td>TSR 20</td><td>RSS 3</td></tr>
<tr><td>汤森路透</td><td>STF：+ <F3></td><td>SRU：+ <F3></td></tr>
<tr><td>彭博社</td><td>ORA <CMDTY></td><td>RGA <CMDTY></td></tr>
<tr><td>SIX Telekurs</td><td>TFmyy，835</td><td>RTmyy，835</td></tr>
</table>

表 7－7　　新加坡交易所 TSR20 期权合约

项　目	内　容
产品名称	新交所 SICOM TSR 20 橡胶期权
报价代号	CTF/PTF
合约规模	5 公吨
报价	美分/千克
最小价格波动	0.1 美分/千克
合约月份	连续 11 个月
交易日	除了新加坡公定假日、元旦前夕和农历新年前夕之外的任何交易日
交易时间（当地）	当日交易：上午 7:55 至下午 6:00
执行价格间隔	2 美分/千克
期权行权	欧式行权：买方只能在到期日行权 看涨期权的买方或看跌期权的卖方行权后会以与执行价格相同的价格获得期权合约月当月的新交所 SICOM TSR20（FOB）橡胶期货多头头寸，而看跌期权的买方或看涨期权的卖方行权后会以与执行价格相同的价格获得期权合约月当月的新交所 SICOM TSR20（FOB）橡胶期货空头头寸 对于具有内在价值且未在交易终止前平仓的期权会自动行权
最后交易日	对应标的新交所 SICOM TSR20（FOB）橡胶期货合约最后交易日前一个月的最后一个工作日
仓位限制	除非交易所另行规定，产品没有持仓限制。然而，根据交易规则 4.1.18，一个投资者拥有或者控制的期权合约、期货合约和远期合约的总和，超过新交所事先通知所规定的持仓头寸，并且头寸是市场交易的同一侧以及任何或者所有月度合约的持仓总和，则投资者应在收到新交所的要求后，及时提供关于其持仓性质、交易策略以及对冲（如可以披露）的信息
议定大额交易（NLT）	20 手
价格信息 （供应商：Ticker）	汤森路透：0#STF + 彭博社：ORA < Comdty > OMON

自测题

一、判断题

1. 规范发展阶段的主要特征是由中国证监会、中国期货业协会和期货交易所构成的政府监管与行业自律三级监管体制形成的。　（　）

2. 上海期货交易所是全世界最大的橡胶期货交易所。　（　）

3. 投资者结构不变可以确保天然橡胶期货运行情况。　（　）

4. 上海期货交易所可以保证全年 12 个月都进行现货交易。　（　）

5. 新加坡政府 1992 年建立新加坡商品交易所并使之拿下世界天然橡胶定价权，目前国际天然橡胶定价权在日本东京交易所。　（　）

6. 天然橡胶期货交易主要集中的三大交易所，分别是中国上海期货交易所和上海国际能源交易中心、日本交易所和新加坡交易所。　（　）

7. 美元 - 日元汇率可以影响国际橡胶期货价格。　（　）

8. 20 号胶期货于 2019 年 8 月 12 日在上海国际能源交易中心上市。　（　）

9. 在 SICOM 上市的品种只有 3 号烟胶片。　（　）

10. 上海期货交易所天然橡胶期货的快速发展，得益于制造业的壮大，使得中国成为全球轮胎制造中心，也带动中国成为全球天然橡胶最大的消费国。　（　）

二、多项选择题

1. 中国期货业发展过程主要可分为（　　）。

A. 起步探索阶段　　B. 治理整顿阶段

C. 规范发展阶段　　D. 创新发展阶段

2. 2020 年中国期货上市新品种包含（　　）。

A. 液化石油气　　B. 低硫燃料油

C. 天然橡胶　　D. 短纤

3. 中国期货业未来发展趋势有（　　）。

A. 制度建设和制度创新　　B. 品种创新

C. 理论研究和理论创新　　D. 国际化

4. 国际上三大天然橡胶期货交易所是（　　）。

A. 日本交易所　　B. 上海期货交易所

C. 新加坡交易所　　D. 泰国商品交易所

5. 天然橡胶期货未来发展方向是（　　）。

A. 做精做细现有品种　　B. 产品供给

C. 深化产业服务　　D. 推进对外开放

6. 影响日本天然橡胶期货行情变动的因素有（　　）。

A. 主要产胶地的供需动向　　B. 国际政治和经济形势

C. 汽车行业景气动向　　D. 产胶国的提示价格

7. 新加坡天然橡胶产业优势有（　　）。

A. 地理位置　　B. 是产胶国周围的唯一交易场所

C. 天然橡胶种植和加工业　　D. 现货交易市场

8. 上海期货交易所所含的标准合约有（　　）。

A. SCR WF 和 RSS3　　B. 20 号胶

C. 20 号胶期权　　D. 5 号胶

三、思考题

1. 上海期货交易所、日本交易所和新加坡交易所期货标准合约的区别。

2. 20 号胶期货在上海国际能源交易中心上市后带来的影响?

参考答案

一、判断题

1. √　2. √　3. ×　4. ×　5. ×　6. √　7. √　8. √　9. ×　10. √

二、多项选择题

1. ABCD 2. ABD 3. ABCD 4. ABC 5. ABCD 6. ABCD 7. AB
8. AB

三、思考题

（略）

附录 1

上海期货交易所国产天然橡胶注册商标、生产加工分公司情况

序号	所在国别	注册企业	品牌	工厂代码或生产企业（工厂）	注册日期	交割品级
1	中国	广东省广垦橡胶集团有限公司	GKR 广垦橡胶	云南广垦橡胶有限公司小街制胶厂 景洪市坝卡制胶有限公司	20190805	SCR20
2		海南天然橡胶产业集团股份有限公司	宝岛	金隆橡胶加工分公司 金水橡胶加工分公司	20190805	SCR20
3		云南天然橡胶产业集团有限公司	金凤	YJ－17－01 墨江有限公司坝沙田制胶厂	20190805	SCR20
4		中化国际（控股）股份有限公司	Sinochem Rubber 中化橡胶	BX 西双版纳中化橡胶有限公司景洪胶厂 CX 海南中化橡胶有限公司	20190805	SCR20

续表

序号	所在国别	注册企业	品牌	工厂代码或生产企业（工厂）	注册日期	交割品级
5	泰国	广垦橡胶（沙墩）有限公司 Guangken Rubber（Satun）Co.，Ltd.	GKR	AZ	20190805	STR20
6		广垦橡胶（湄公河）有限公司 Guangken Rubber（Mekong River）Co.，Ltd.	GKR	CP	20190805	STR20
7		广垦橡胶（泰南）有限公司 Guangken Rubber（ThaiSouthern）Co.，Ltd.	GKR	DB	20190805	STR20
8		华泰橡胶有限公司 Hua Tai Rubber Co.，Ltd.	Hua Tai	AX	20190805	STR20
9		南华橡胶有限公司 Nam Hua Rubber Co.，Ltd.	Sri Trang	BQ	20190805	STR20
10		诗董橡胶园有限公司 Rubberland Products Co.，Ltd.	Sri Trang	CI	20190805	STR20
11		新同泰橡胶有限公司 Sin Tong Thai Rubber Co.，Ltd.	STT	CA	20190805	STR20

附录 2

上海国际能源交易中心 20 号胶期货注册商品信息列表

序号	所在国别	注册企业	品牌	工厂代码或生产企业（工厂）	工厂地址	产品标识
1	中国	广东省广垦橡胶集团有限公司	GKR 广垦橡胶	云南广垦橡胶有限公司小街制胶厂	云南省西双版纳州景洪市勐龙镇曼养广村旁	
				景洪市坝卡制胶有限公司	云南省西双版纳州景洪市大勐龙镇坝卡村民委员会	
2		海南天然橡胶产业集团股份有限公司	宝岛	金隆橡胶加工分公司	海南省白沙县七坊镇龙江农场一队	
				金水橡胶加工分公司	海南省陵水县南平农场	

续表

序号	所在国别	注册企业	品牌	工厂代码或生产企业（工厂）	工厂地址	产品标识
3	中国	云南天然橡胶产业集团有限公司	金凤	YJ－17－01 墨江有限公司坝沙田制胶厂	云南省墨江县泗南江镇	
4	中国	中化国际（控股）股份有限公司	Sinochem Rubber 中化橡胶	BX 西双版纳中化橡胶有限公司景洪胶厂	云南省西双版纳州景洪市勐罕镇曼法村委会曼桂村小组旁	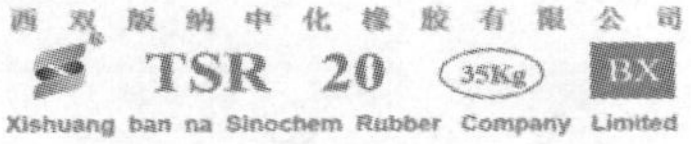
				CX 海南中化橡胶有限公司	海南省儋州市那大镇侨锋农场中化路 1 号	
5	泰国	广垦橡胶（沙墩）有限公司 Guangken Rubber (Satun) Co., Ltd.	GKR	AZ	310 Moo 10 Tambol Kuankalong, Amphur Kuankalong Satun 91130, Thailand	
6	泰国	广垦橡胶（湄公河）有限公司 Guangken Rubber (Mekong River) Co., Ltd.	GKR	CP	5 Moo 7 Mooban Thonyai, Tambol Nakha, Amphur Muang, Udonthani 41000, Thailand	

后　记

本书是专为期货投资者编写的一本普及性读物，适合于天然橡胶产业链企业和普通投资者阅读。

本书注意实用性、趣味性，以通俗易懂的语言、鲜明生动的案例将理论知识简单化，避免了理论知识阐述过程中的呆板僵硬。对天然橡胶产业链企业而言，本书具有指导实务操作的作用，书中包含了大量套期保值、套利、风险管理的应用型案例，对企业应用天然橡胶期货、天胶期权、20号胶期货有一定借鉴意义。对于普通投资者而言，本书通过一问一答的形式，由浅入深地剖析天然橡胶的基本面和技术面，有助于投资者快速了解天然橡胶市场。

与证券、债券等金融工具相比，期货作为风险管理工具，专业性强，杠杆率高，风险大，这在客观上要求投资者具备一定的专业投资知识、经济实力以及风险承受能力。“期市有风险，入市需谨慎！”

本书由于篇幅限制，无法尽述相关实体企业及投资者在期货市场上可能面临的所有具体情况，不管是实体企业还是普通投资者参与到期货市场中，都务必结合自身需求，制定科学合理的交易策略。企业参与套期保值要避免变成投机，普通投资者要严格评估自身能力，尽可能地熟悉并掌握交易品种的市场特点及操作技巧，并严格控制交易规模，避免遭受不必要的损失。

作为《期货投资者教育系列丛书》之一，本书由中国期货业协会组织编写，物产中大期货有限公司梅运桃、张韬、陈菲菲、韦立、张骏、谢雯、陆唐玲、陶圣炎承担了本书的具体编写任务。上海期货交易所庄青、吕清华、胡慧、高一铭、盛玮辰对本书书稿进行了审阅并提出了宝贵建议。

本书在第一版的基础上修订而来，在此感谢第一版编写人员物产中大期货有限公司高辉、黄胜、仲伟、赵祺、黄丽娟同志在本书上一版编写过程中做出的杰出贡献。本书在编写过程中还得到了中国证监会投资者保护局、期货部、上海期货交易所和物产中大期货有限公司领导的指导和帮助，在此表示衷心的感谢！书中的错误之处，敬请批评指正。

中国期货业协会

《期货投资者教育系列丛书》编委会

2022 年 4 月

中国期货业协会
China Futures Association

中国财经出版传媒集团
中国财政经济出版社

书单
FUTURES

一、系列

序号	系列
(一)	期货投资者教育系列丛书
(二)	金融衍生品系列丛书
(三)	中国期货业发展创新与风险管理研究
(四)	中国期货市场年鉴
(五)	“讲故事 学期货”金融国民教育丛书
(六)	全国期货从业人员资格考试参考用书
(七)	服务实体经济系列
(八)	期货投资者保护丛书
……	……

二、明细

(一) 期货投资者教育系列丛书

序号	书名	书号
1	铜期货	978-7-5223-0293-5
2	精对苯二甲酸(PTA)	978-7-5095-3189-1
3	玉米	978-7-5095-3193-8
4	铝	978-7-5095-3181-5
5	小麦	978-7-5095-3183-9
6	锌	978-7-5095-3190-7
7	线型低密度聚乙烯(LLDPE)	978-7-5095-3184-6

续表

序号	书名	书号
8	早籼稻	978-7-5095-3076-4
9	棉花	978-7-5095-3033-7
10	燃料油	978-7-5095-3034-4
11	菜籽油	978-7-5095-2025-3
12	聚氯乙烯	978-7-5095-2592-0
13	棕榈油	978-7-5095-2589-0
14	黄金	978-7-5095-2532-6
15	白糖期货	978-7-5095-8814-7
16	豆类期货	978-7-5095-8815-4
17	焦炭	978-7-5095-4080-0
18	甲醇	978-7-5095-4093-0
19	铅	978-7-5095-4086-2
20	鸡蛋期货	978-7-5095-5803-4
21	铁矿石期货	978-7-5095-5809-6
22	纤维板、胶合板期货	978-7-5095-5810-2
23	石油沥青期货	978-7-5095-5816-4
24	菜籽系期货	978-7-5095-5743-3
25	白银期货	978-7-5095-5955-0
26	玻璃期货	978-7-5095-5697-9
27	动力煤期货	978-7-5095-5802-7
28	稻谷期货	978-7-5095-5826-3
29	原油期货	978-7-5095-7708-0
30	苹果期货	978-7-5223-0455-7
31	花生期货	978-7-5223-0967-5
32	生猪期货	978-7-5223-0851-7
33	天然橡胶期货	978-7-5223-1184-5
34	钢材期货	978-7-5223-1175-3
……	……	……

（二）金融衍生品系列丛书

序号	书名	书号
1	股指期货（第二版）	978-7-5095-9432-2
2	场外衍生品（第二版）	978-7-5095-9596-1
3	国债期货（第二版）	978-7-5095-9601-2
4	金融期权（第二版）	978-7-5095-9598-5
5	外汇期货（第二版）	978-7-5095-9597-8
6	结构化产品（第二版）	978-7-5095-9600-5
7	金融衍生品习题集（第二版）	978-7-5095-9599-2

（三）中国期货业发展创新与风险管理研究

序号	书名	书号
1	中国期货业发展创新与风险管理研究（8）	978-7-5095-6907-8
2	中国期货业发展创新与风险管理研究（9）	978-7-5095-7523-9
3	中国期货业发展创新与风险管理研究（10）	978-7-5095-8144-5
4	中国期货业发展创新与风险管理研究（11）	978-7-5223-0213-3
……	……	……

（四）中国期货市场年鉴

序号	书名	书号
1	中国期货市场年鉴（2015年）	978-7-5095-6924-5
2	中国期货市场年鉴（2016年）	978-7-5095-7503-1
3	中国期货市场年鉴（2017年）	978-7-5095-8331-9
4	中国期货市场年鉴（2018年）	978-7-5095-9079-9
5	中国期货市场年鉴（2019年）	978-7-5095-9869-6
……	……	……

（五）“讲故事 学期货”金融国民教育丛书

序号	书名	书号
1	走进期货	978-7-5095-7095-1
2	如何进行期货交易	978-7-5095-7092-0
3	期货的套保和套利	978-7-5095-7093-7
4	期货交易中的“规矩”	978-7-5095-4355-9

续表

序号	书名	书号
5	金属期货	978-7-5095-7087-6
6	农产品期货	978-7-5095-7104-0
7	能化期货	978-7-5095-7088-3
8	金融期货	978-7-5095-7094-4
9	期权	978-7-5095-7217-7
10	场外衍生品	978-7-5095-7091-3

（六）全国期货从业人员资格考试参考用书

序号	书名	书号
1	期货及衍生品基础（第三版）	978-7-5223-1005-3
2	期货法律法规与职业道德	978-7-5223-0997-2
3	期货及衍生品分析与应用（第四版）	978-7-5223-0998-9

（七）服务实体经济系列

序号	书名	书号
1	期货行业主力复工复产案例集	978-7-5223-0168-6
2	期货服务实体经济案例集	978-7-5095-8029-5
……	……	……

（八）期货投资者保护丛书

序号	书名	书号
1	期海导航——期货投资常识	978-7-5223-1045-9
……	……	……

咨询电话：010-88190912

咨询邮箱：jiayanping@cfemg.cn